科技支撑
中国热区乡村振兴
典型案例

KEJI ZHICHENG
ZHONGGUO REQU XIANGCUN ZHENXING
DIANXING ANLI

丰 明　张少帅　周 浩 ◎ 主编

中国农业出版社

北 京

图书在版编目（CIP）数据

科技支撑中国热区乡村振兴典型案例 / 丰明，张少帅，周浩主编. -- 北京：中国农业出版社，2024.12.
ISBN 978-7-109-33299-7

Ⅰ. F320.3

中国国家版本馆CIP数据核字第2025D86M50号

中国农业出版社出版

地址：北京市朝阳区麦子店街18号楼
邮编：100125
责任编辑：程　燕
版式设计：李文革　　责任校对：吴丽婷
印刷：中农印务有限公司
版次：2024年12月第1版
印次：2024年12月北京第1次印刷
发行：新华书店北京发行所
开本：700mm×1000mm　1/16
印张：12
字数：200千字
定价：116.00元

编 委 会

FOREWORD ————— 前 言

　　乡村振兴战略不仅是解决我国城乡发展不平衡、农村发展不充分问题的关键举措，更是实现中华民族伟大复兴的必然要求，意义重大而长远。在全面推进乡村振兴、加快农业农村现代化的时代浪潮中，热带农业作为我国农业体系的重要组成部分，承载着特殊使命与责任担当。

　　中国热区涵盖广袤地域，独特的气候与生态条件孕育出丰富多样的热带农业资源。从海南的热带雨林到西南的干热河谷，从广东的特色果蔬种植基地到藏东南的热作资源宝库，热带农业发展各具特色、潜力巨大。在这片充满希望的热土上，科技支撑热带农业发展的实践成果丰硕，一个个鲜活的案例生动诠释着科技创新与乡村振兴的深度融合。

　　在海南等典型热带地区，白沙县借助科技力量，推动天然橡胶产业高质量发展，同时探索出橡胶林下特色食药用菌技术模式，将绿水青山转化为金山银山；黄灯笼辣椒产业在科技创新的引领下，实现了品质与产量的双提升；野生南药牛大力通过人工驯化栽培，开创了全新的产业发展格局；绿色植保技术助力海南鲜食玉米产业蓬勃发展，万宁斑兰叶产业、五指山农业产业等也都在现代化技术的支撑下焕发新生。广东徐闻县高良姜产业、高州新垌镇黄皮产业链、吴川黑花生产业等借助科技服务实现高质量发展，"科技联姻"更是为湛江"南三青蟹"产业按下了发展快进键；广西开辟食用木薯产业"新赛道"，为乡村振兴增添"新动能"。干热河谷地区的芒果产业、黔西南州石漠化区域的农业生态高效发展、怒江傈僳族自治州的草果产业等，都在科技的助力下，走出了一条生态与经济协调发展的新道路。藏东南地区热作资源的收集保护与特色作物资源挖掘，也展现出科技在特殊区域农业发展中不可替代的重要作用。

这些成功案例，不仅推动了热带农业产业升级，还在农民增收、生态保护、区域经济发展等方面产生了广泛而深远的社会影响。本书尝试系统总结科技支撑热带农业发展、助力乡村振兴的实践经验与创新成果，通过挖掘典型案例、提炼有效模式，为农业领域的科研工作者、从业者提供参考借鉴，推动热带农业产业升级。

本书由六章构成。第一章剖析了新时期实施乡村振兴战略的背景和意义，直面乡村振兴中存在的问题和困境，并系统阐述科技支撑乡村振兴的路径和方法，为后续章节奠定了理论基础。第二章介绍中国热区的地理分布、生态特点以及热带农业的资源优势与发展特色，让读者对我国热带农业发展的基础条件有所认知。第三章通过大量详实的案例，从热带地区、干热河谷地区以及特殊类型热带地区三个维度，展现科技如何助力不同区域乡村振兴，以实践印证科技的强大赋能作用。第四章从国家战略、科技赋能、党建引导等方面总结提炼了相关经验，为后续发展提供借鉴。第五章以专题报道为载体，展现科技支撑热带农业发展所带来的广泛社会效应。第六章立足当下，展望未来，特别展望了热带农业新质生产力的新走向。

在科技创新的持续驱动下，热带农业将不断突破发展瓶颈，培育更多特色优势产业，实现更高质量、更可持续的发展。从优化种植养殖技术到构建智慧农业体系，从延伸产业链条到促进三产融合，热带农业必将在乡村振兴的伟大征程中绽放更加绚丽的光彩，为国家粮食安全、生态安全和农业现代化建设做出更大贡献，让热区的每一寸土地都焕发出勃勃生机，让热带农业成为乡村振兴的强大引擎，书写新时代农业农村发展的壮美篇章。

编者受认知与水平所限，书中难免存在疏漏与不足之处，敬请读者们、学界同仁、同行不吝指正，携手为推动热带农业高质量发展、助力乡村振兴伟大事业贡献更多智慧与力量。

编　者

2024 年 11 月

乡村振兴战略不仅是解决我国城乡发展不平衡、农村发展不充分问题的关键举措,更是实现中华民族伟大复兴的必然要求,意义重大而长远。在全面推进乡村振兴、加快农业农村现代化的时代浪潮中,热带农业作为我国农业体系的重要组成部分,承载着特殊使命与责任担当。

中国热区涵盖广袤地域,独特的气候与生态条件孕育出丰富多样的热带农业资源。从海南的热带雨林到西南的干热河谷,从广东的特色果蔬种植基地到藏东南的热作资源宝库,热带农业发展各具特色、潜力巨大。在这片充满希望的热土上,科技支撑热带农业发展的实践成果丰硕,一个个鲜活的案例生动诠释着科技创新与乡村振兴的深度融合。

在海南等典型热带地区,白沙县借助科技力量,推动天然橡胶产业高质量发展,同时探索出橡胶林下特色食药用菌技术模式,将绿水青山转化为金山银山;黄灯笼辣椒产业在科技创新的引领下,实现了品质与产量的双提升;野生南药牛大力通过人工驯化栽培,开创了全新的产业发展格局;绿色植保技术助力海南鲜食玉米产业蓬勃发展,万宁斑兰叶产业、五指山农业产业等也都在现代化技术的支撑下焕发新生。广东徐闻县高良姜产业、高州新垌镇黄皮产业链、吴川黑花生产业等借助科技服务实现高质量发展,"科技联姻"更是为湛江"南三青蟹"产业按下了发展快进键;广西开辟食用木薯产业"新赛道",为乡村振兴增添"新动能"。干热河谷地区的芒果产业、黔西南州石漠化区域的农业生态高效发展、怒江傈僳族自治州的草果产业等,都在科技的助力下,走出了一条生态与经济协调发展的新道路。藏东南地区热作资源的收集保护与特色作物资源挖掘,也展现出科技在特殊区域农业发展中不可替代的重要作用。

这些成功案例，不仅推动了热带农业产业升级，还在农民增收、生态保护、区域经济发展等方面产生了广泛而深远的社会影响。本书尝试系统总结科技支撑热带农业发展、助力乡村振兴的实践经验与创新成果，通过挖掘典型案例、提炼有效模式，为农业领域的科研工作者、从业者提供参考借鉴，推动热带农业产业升级。

本书由六章构成。第一章剖析了新时期实施乡村振兴战略的背景和意义，直面乡村振兴中存在的问题和困境，并系统阐述科技支撑乡村振兴的路径和方法，为后续章节奠定了理论基础。第二章介绍中国热区的地理分布、生态特点以及热带农业的资源优势与发展特色，让读者对我国热带农业发展的基础条件有所认知。第三章通过大量详实的案例，从热带地区、干热河谷地区以及特殊类型热带地区三个维度，展现科技如何助力不同区域乡村振兴，以实践印证科技的强大赋能作用。第四章从国家战略、科技赋能、党建引导等方面总结提炼了相关经验，为后续发展提供借鉴。第五章以专题报道为载体，展现科技支撑热带农业发展所带来的广泛社会效应。第六章立足当下，展望未来，特别展望了热带农业新质生产力的新走向。

在科技创新的持续驱动下，热带农业将不断突破发展瓶颈，培育更多特色优势产业，实现更高质量、更可持续的发展。从优化种植养殖技术到构建智慧农业体系，从延伸产业链条到促进三产融合，热带农业必将在乡村振兴的伟大征程中绽放更加绚丽的光彩，为国家粮食安全、生态安全和农业现代化建设做出更大贡献，让热区的每一寸土地都焕发出勃勃生机，让热带农业成为乡村振兴的强大引擎，书写新时代农业农村发展的壮美篇章。

编者受认知与水平所限，书中难免存在疏漏与不足之处，敬请读者们、学界同仁、同行不吝指正，携手为推动热带农业高质量发展、助力乡村振兴伟大事业贡献更多智慧与力量。

编　者

2024 年 11 月

CONTENTS ----------- 目 录

第四章

经验启示 / 131

第五章

社会影响 / 146

第六章

未来展望 / 168

第一章

乡村振兴与科技创新

　　中国自古以来就是一个农业大国，农业始终是关系国计民生、社会稳定和经济发展的大事。中国一直以来将农业视为安民之基、治国之要，提出"农为邦本，本固邦宁"。中国共产党高度重视农业、农村、农民问题，领导农民翻身解放；中华人民共和国成立后，带领人民在全国开展土地改革，废除封建土地制度；改革开放后，以家庭联产承包经营为主的生产责任制和统分结合的双层经营体制，调动农民生产积极性，解放农村生产力；党的十八大以来，进入全面建成小康社会的发展新时期，打赢了脱贫攻坚战；党的十九大提出"实施乡村振兴战略"，明确了"乡村产业兴旺、生态宜居、乡风文明、治理有效、生活富裕"的总要求，带领全体人民朝着共同富裕的目标前进。

一、新时期实施乡村振兴战略的背景和意义

　　党的十九大报告中，习近平同志根据当前我国发展阶段和社会主要矛盾变化，提出并深入阐释了实施乡村振兴战略的重大决策部署。党的十九大提出"乡村振兴战略"并将它列为决胜全面建成小康社会需要实施的七大战略之一，是关系全局性、长远性、前瞻性的国家总布局，是国家发展的核心和关键问题。

（一）时代背景

1.中国正处于百年未有之大变局

国际格局和国际体系正在发生深刻调整，全球治理体系正在发生深刻变革，国际力量对比正在发生近代以来最具革命性的变化。经济格局"南升北降"，全球化进程遭遇逆流；霸权主义和强权政治依然存在，单边主义和保护主义交织，民族主义和民粹主义互生，以规则为基础的多边体系进一步受到冲击；第四次工业革命方兴未艾，人工智能、机器人技术、虚拟现实以及量子科技等蓬勃发展，新技术、新产业革命催生新发展理念和发展模式。中国作为世界第二大经济体，综合国力发展之快、世界影响之大同样百年未有，改革开放进入深水区，现代化建设迈入新阶段。从世界百年未有之大变局看，我国发展进入战略机遇和风险挑战并存、不确定难预料因素增多的时期，此时，稳住农业基本盘、守好"三农"基础，是应对重大考验的"压舱石"。

2.中国特色社会主义进入新时代

从2012年党的十八大到2017年党的十九大，以习近平同志为核心的党中央，提出并采取一系列治国理政新理念新思想新战略，逐步形成并确立了习近平新时代中国特色社会主义思想，实现了马克思主义中国化时代化新的飞跃。中国特色社会主义道路、理论、制度、文化不断发展，拓展了发展中国家走向现代化的途径。我国社会主要矛盾已经转化为人民日益增长的美好生活需要和不平衡不充分的发展之间的矛盾。党中央提出了实现中华民族伟大复兴的中国梦，明确了"五位一体"总体布局和"四个全面"战略布局，提出了新发展理念，着力推进高质量发展，推动构建新发展格局，实施供给侧结构性改革，进入了全面建成社会主义现代化强国的时代。

3.打赢了脱贫攻坚战

如期打赢脱贫攻坚战，如期全面建成小康社会，实现第一个百年奋斗目标。在中国共产党成立一百周年时，脱贫攻坚战取得了全面胜利，现行标准下9 899万农村贫困人口全部脱贫，832个贫困县全部摘帽，12.8万个贫困村全部出列，贫困人口收入水平显著提高，全部实现"两不愁三保障"，脱贫群众不愁吃、不愁穿，义务教育、基本医疗、住房安全有保障，另外饮水安全也都有了保障。区域性整体贫困得到解决，完成了消除绝对贫困的艰巨任务。在全面建成小康社会之后，"三农"工作重心从脱贫攻坚转向全面推进乡村振兴。

4.实现中华民族伟大复兴，最艰巨最繁重的任务依然在农村

解决好发展不平衡不充分问题，重点难点在"三农"领域，迫切需要补齐农业农村短板弱项，推动城乡协调发展；需要提升农村要素配置效率，进一步发展农业产业，实现农民收入增长；需要缩小城乡收入差距、消费差距和公共产品配置差距，实现城乡共同富裕。"三农"工作在新征程上仍然极端重要，必须坚持不懈解决好"三农"问题，全面推进乡村振兴。

（二）全面推进乡村振兴的意义

1.全面推进乡村振兴，是中国式现代化的重要组成部分

我国现代化是人口规模巨大的现代化，是全体人民共同富裕的现代化，是物质文明和精神文明相协调的现代化，是人与自然和谐共生的现代化，是走和平发展道路的现代化。中国作为一个农业大国，庞大的人口基数决定了即使未来城镇化达到更高水平，农民的绝对数量依然巨大。中国式现代化，必然包含农业的现代化。全面推进乡村振兴是实现中国式现代化的重要基础和支撑，是中国式现代化的内在要求，是中国式现代化的重要组成部分，没有乡村振兴，就无法推进农业的现代化、也无法实现社会主义现代化。

2.全面推进乡村振兴，是加快建设农业强国的重要途径

立足我国国情农情，中国特色的农业强国应具备供给保障强、科技装备强、经营体系强、产业韧性强、竞争能力强的特征。乡村振兴是建设农业强国的基础性工程，我国作为农业大国，必须通过全面推进乡村振兴，实现农业发展从要规模、要数量向要质量、要效率转变，从体力劳动向机械化、信息化、数字化转变，从依靠传统经验向科学知识、专业技能转变，进而实现农业综合生产能力强、农业带动农民增收能力强、农业产业拓展能力强、农业可持续发展能力强、农业国际合作能力强。乡村振兴战略，通过实现产业振兴、人才振兴、文化振兴、生态振兴、组织振兴，为建设农业强国构建了明确的目标指引、具体的战略部署和协同推进的路径，也为加快建设农业强国提供了综合性支撑。

3. 全面推进乡村振兴，是推动共同富裕的必由之路

实现共同富裕是社会主义的本质要求，是人民群众的共同期盼，要实现共同富裕，乡村振兴是必经之路。从内涵上讲，乡村振兴的"产业兴旺、生态宜居、乡风文明、治理有效、生活富裕"的总要求，最终落实到老百姓"生活富裕"上，共同富裕是乡村振兴的内在要求和必然结果。从主体上讲，促进共同富裕，最艰巨最繁重的任务在农村。农村富裕，是共同富裕版图上极为重要的一个部分，没有农民、农村的富裕，就不可能实现共同富裕。实施乡村振兴战略，促进农民、农村生活富裕，是实现共同富裕必然要完成的使命和任务。

4. 全面推进乡村振兴，是维护粮食安全的坚强保障

粮食安全是国家安全的重要基石，确保国家粮食安全是乡村振兴的首要任务。民以食为天，我国人口已超过14亿，解决好如此庞大人口的吃饭问题，保障国家粮食安全，是治国理政的头等大事。当前，世界百年变局加速演进，政治、经济、气候等因素交织，全球粮食产业链供应链不确定风险增加，必须确保谷物基本自给、口粮绝对安全。中共中央、国务院印发的《乡村全面振兴规划（2024—2027年）》明确提出，到2027年要实现"国家粮食安全根基更加稳固，农业综合生产能力稳步提升，确保中国人的饭碗牢牢端在自己手中"的重要目标，并将"加快现代农业建设，全方位夯实粮食安全根基"列为重点任务之一。确保粮食等重要物资供给，是实施乡村振兴战略的必然要求和底线任务。

5. 全面推进乡村振兴，是弘扬中华优秀传统文化的重要途径

乡村是中华优秀传统文化的重要载体，作为农业大国，我国乡村发展历史悠久，拥有着独特的社会结构与文化体系，承载着农耕文化、节庆民俗文化、非物质文化遗产等多种多样的优秀文化。文化振兴作为乡村振兴的五大任务之一，通过发展乡村文化产业，赋予乡村文化新的生命力、推进乡村文化守正创新，这与保护传承中华优秀传统文化的理念、内容、路径高度一致。

二、乡村振兴工作中存在的问题和困境

1. 乡村内生动力不足

随着城镇化水平的持续提升，社会资源、人口等经济发展要素也不断向城市集聚，尤其青壮年劳动力纷纷向城镇集聚，农村常住人口减少，农村"空心化"问题日益凸显，有生力量严重不足；村集体创收能力弱；长效投入机制缺失，乡村振兴项目依赖财政资金，村民主动参与的积极性不高。

2. 农村产业发展存在短板

农村一二三产业发展不均衡。一产产业链较短，以供应原料为主，对中间商依赖程度高，抵御市场、自然风险的能力较弱；二产与前后产业衔接不紧密，农产品精深加工不足，农产品加工转化率较低；三产培育不够，农村生产生活服务能力不强，农业社会化服务不丰富。

3. 农村生态环境问题日益突出

过度开发农业资源，过量使用化肥农药农膜，导致农业资源承载力接近上限，农田土壤的酸化、板结和土壤中微生物被破坏，使土地资源的可持续利用受到限制，同时导致农业面源污染等问题；农村排污设施，污水集中处理设施不完善；农村企业排污监管不严格；农村生活垃圾处理不当，缺乏有效的分类和回收机制，造成了环境污染和资源浪费。

4. 乡村治理体系和治理能力现代化水平有待提高

国家层面不断出台关于乡村治理的各种制度规定，但基层乡村治理制度建设滞后，还不能适应治理体系和治理能力现代化的具体要求；乡村干部队伍不稳定，履职能力水平有待提高，乡村干部队伍面临大量外流的情况，老龄化严重，村一级年轻干部占比较低；乡村治理过程中，干部群众的主体性、创造性发挥不够，基层干部忙于应付工作，村民对于不涉及自己利益的事情参与积极性不高。

以上困境和问题，给乡村振兴战略的实施带来了一定的影响，要秉承系统思维理念，坚持问题导向、结果导向，综合运用政治、经济、科技等手段予以解决。

三、科技支撑乡村振兴的路径和方法

习近平总书记强调，"要强化科技和改革双轮驱动，加大核心技术攻关力度，改革完善'三农'工作体制机制，为农业现代化增动力、添活力。"科技创新是乡村振兴的重要驱动力，对于促进乡村产业振兴、乡村人才振兴、乡村文化振兴、乡村生态振兴和乡村组织振兴五大振兴具有重大意义，同时为乡村振兴提供新的发展路径和模式，推动实现乡村振兴战略目标。

1.科技支撑种业振兴

种子是农业的"芯片"，种业是国家战略性、基础性的核心产业，是保障国家粮食安全和重要农产品有效供给的根本所在。现代种业已经进入以"常规育种+现代生物技术育种+信息化育种"为特征的育种4.0时代。通过解决种业重大科学问题和种业"卡脖子"前沿关键技术问题，加大种源关键核心技术攻关，构建种业科技创新支撑体系，实现种业科技自立自强、种源自主可控，从而保障国家种子安全、粮食安全。

2.科技创新培育农业产业新动能

农业产业兴旺，根本上是要依靠科技创新转变发展方式、转换增长动力，提高农业创新力、竞争力和全要素生产率。2024年，我国农业科技进步贡献率超过63%。要聚焦农业新品种培育、耕地质量提升、农机装备研制、农作物病虫害防控、畜禽水产疫病防控、高效种植养殖、绿色低碳农业、农产品加工与食品制造、农产品质量安全、乡村发展等重点领域，通过科技创新激活各类资源要素，实现乡村产业全产业链发展。

3.强化农业机械装备支撑

提升农机和设施装备水平以及设施农业的机械化率，推动农机装备向"大中小型兼备、绿色高效智能一体化"迈进。聚焦智慧农业，发展农业新质生产力，推进数字技术与农业生产深度融合。通过传感器网络、物联网、大数据分析、云计算、人工智能等实现对农业生产全过程的智能化、精准化和高效化管理，为推进农业现代化和乡村振兴插上腾飞的翅膀。

4.科技支撑乡村绿色低碳发展

践行"绿水青山就是金山银山"理念，进一步发挥科技支撑力量，着力推动农村生产生活方式绿色转型，加快形成绿色、低碳、循环的可持续农业发展模式，推进绿色循环技术应用，推进种养结合、粮草兼顾、稻渔综合种养等模式，推进生产生活有机联结循环，推广绿色农业生产技术、农作物病虫害绿色防控技术等，降低能耗、减少排放、节约资源，实现农业减排固碳、解决农业面源污染、协调农业生产与生态环境保护，推进农业发展全面绿色转型，促进乡村生态振兴。

5.科技赋能乡村治理

打造智慧农村管理平台，将发展产业、培育人才、乡村治理、民生服务与科技手段高效融合，通过数字化村务管理、乡村治理数据化等构建信息化农村治理体系，提高农村基层治理水平。

6.服务乡村人才振兴

依托现代农业产业技术体系、农业科技创新联盟、现代农业产业科技创新中心等平台，培养农业农村科技创新人才。发挥农业科研院所、职业院校、农业广播电视学校等的作用，立足素质、能力、技能等多个维度，加强对高素质农民、能工巧匠等本土人才的培养。完善科技特派员工作机制，拓宽科技特派员来源渠道，逐步实现各级科技特派员科技服务和创业带动全覆盖，推动各类人才向乡村集聚。

第二章

中国热区与热带农业

一、中国热区

按照国际惯例，热带地区是指南北回归线之间，即南纬23°26′至北纬23°26′之间的区域。主要有亚洲东南部、非洲大部分、南太平洋岛国以及拉丁美洲，有138个国家和地区。其中全域热区国家93个，局部热区国家和地区25个，非热区国家所属的热带地区20个，即英国、法国、荷兰、新西兰等国家在热带地区的海外领地（例如英属维尔京群岛、法属瓜德罗普、荷兰属阿鲁巴、新西兰属托克劳群岛等）。热带地区的陆地面积5 360万平方千米，占全球陆地面积的36%；海洋面积14 938万平方千米，占全球海洋面积的41%。按照传统约定惯例，我国热带地区是指位置处于南纬北纬23°26′之间，同时还需要满足日平均气温≥10℃的天数在285天以上，年积温≥6 500℃，最冷月平均气温≥10℃，年极端最低气温多年平均值≥2℃四个指标的区域。依据我国气候划分和热带农业区域分布的特点，我国热区主要分为典型热区、干热河谷地区和特殊热区等类型，其中典型热区包括海南、台湾全省，以及福建、广东、广西、云南、湖南、江西的南部；干热河谷地区主要分布在我国西南地区的金沙江、澜沧江、怒江、元江、南盘江、右江等河谷地区，特殊热区主要指西藏墨脱、察隅、波密等低海拔地区。

二、热带农业

1.概念和特点

热带农业是指依托热带地区特有的自然、气候资源，利用动物、植物和微生物生长发育规律，通过人工培育来获得产品的产业，是国家农业的重要组成部分。其包括热带作物种植业、热带林业、热带畜牧业、热带渔业以及其他附带经营的生产事业等。我国热带农业具有以下特点与优势。

资源条件优越。我国热带地区自然资源、气候资源多样化分布，太阳年总辐射量为 $41.87 \times 10^8 \sim 75.36 \times 10^8$ 焦耳/平方米，太阳能资源相当或超过国外同纬度地区；年降水量为 1 200 ~ 2 000 毫米，夏季热而多雨，地方性气候明显，有利于发展生物多样性生产模式。例如，以南药和黎药为代表的热带药用植物种类繁多，目前已发现的南药有 3 100 多种、黎药有 630 多种，对保障人民生命健康、服务康养中国具有重要意义。热带农业资源具有稀缺性、唯一性和不可替代性。

生产特色显著。我国热带地区十分适合高产高效农业发展，农作物生长季节长达 9.5 个月，甚至全年。在我国热区，水稻一年三熟，玉米一年 3 ~ 5 茬，蔬菜一年可产 8 ~ 10 茬，茶叶可采 8 ~ 10 次。5.6% 的热带地区土地面积供应了全国约 70% 的冬季瓜菜。

农产品价值高。热带农产品市场需求量大、经济价值高、国际贸易活跃。例如，典型的热带经济作物天然橡胶、剑麻是军工、船舶、医药等高端制造行业不可或缺的重要原材料；咖啡、可可、香草兰、沉香等可作为高端饮品、化妆品、保健品等被开发，对提高人民生活品质具有重要价值。

开发潜力巨大。热带地区的农作物、渔业等资源丰富，开发潜力巨大。例如，目前市场上以天然橡胶为原料的制品达 7 万多种，以木薯为原料的化工产品超过 3 000 种，椰子可以加工成 360 多种产品；中国南海海域高经济价值鱼类有 200 多种，潜在渔获量每年 700 多万吨。随着人民生活水平的提高，对热带农产品的需求会进一步增加，综合利用前景广阔。

2.我国热带农业发展历程与成效

我国热带地区农耕文化历史悠久，但直到中华人民共和国成立后，随着党和国家的重视，我国热带农业才逐步发展起来，发展历程可分为三个阶段。

第一个阶段：从中华人民共和国成立到20世纪80年代，以发展热带农业生产力，解决人民温饱问题和提升国家战略物资的供给水平为主要标志，特别是中华人民共和国成立初期，西方对社会主义国家实行经济封锁，作为战略物资的天然橡胶被禁运。为打破封锁，1951年8月31日，中央人民政府政务院第100次政务会议，做出"关于扩大培植橡胶树的决定"和"一定要建立自己的橡胶科研生产基地"等战略决策。我国几乎从零开始，创造了北纬18°—24°大面积植胶的奇迹，并探索总结出一整套初加工技术体系，形成了独具特色的中国天然橡胶产业。

第二个阶段：从20世纪80年代至党的十八大召开，以全面发展热带"大农业"，推动解决热区"三农"问题；以实现大部分热带农产品品种多元、供给充足、丰年有余为主要标志。1986年，党中央、国务院做出"大规模开发热带作物资源"的决定，印发《国务院办公厅关于成立发展南亚热带作物指导小组的通知》；2010年，印发《国务院办公厅关于促进我国热带作物产业发展的意见》，要求把热带作物产业作为现代农业建设的重要内容。我国热区各地大力发展热带水果、瓜菜、花卉、畜产品、水产品等现代特色农产品，热带"大农业"得以全面快速发展。

第三个阶段：党的十八大以来，习近平总书记和党中央高度重视热带农业发展，赋予热带农业新的战略定位，开启了热带农业发展新纪元。2013年4月，习近平总书记提出"海南要推动传统农业向标准化、品牌化、产业化的现代农业转型升级，使热带特色农业真正成为优势产业和海南经济的一张'王牌'"；2018年4月，习近平总书记作出"要加强国家南繁科研育种基地（海南）建设，打造国家热带农业科学中心"的重要战略部署；2020年6月，中央出台《海南自由贸易港建设总体方案》，提出"发挥国家南繁科研育种基地优势，建设全球热带农业中心"。农业农村部和海南省明确依托中国热带农业科学院（以下简称"中国热科院"），联合中国科学院、中国农业科学院、海南大学、海南省农业科学院等优势力量，建设开放共享的国家热带农业科学中心，形成引领全球热带农业高质量发展的基础。

3.我国热带农业发展现状

我国是热带农产品生产大国。以热带作物为例，2019年我国种植总面积

6 799.9万亩[*]，总产量3 203.8万吨，总产值1 828.1亿元（未包含甘蔗）。天然橡胶种植面积世界排名第三，产量世界排名第四；荔枝、八角、龙眼等种植面积和产量世界排名均为第一；香蕉种植面积世界排名第六，产量世界排名第二；芒果种植面积和产量世界排名均为第三；澳洲坚果种植面积世界排名第一，产量世界排名第三。我国热区也是国家林木、畜禽和水产的重要供给区域。据不完全统计，2019年我国热区木材产量、畜禽肉类总产量分别占全国总量的60%和20%以上。我国是热带农产品进口大国。例如，2019年中国热带作物产品进出口贸易量为2 521.3万吨，其中进口量2 442.5万吨，出口量78.8万吨；进出口贸易额232.3亿美元，其中进口额220.4亿美元，出口额11.9亿美元，贸易逆差208.5亿美元。市场需求量大的天然橡胶、油棕、木薯等产品生产能力严重不足，保供给仍是发展的重要任务。天然橡胶（含复合胶）进口量达到511.3万吨，国内生产量81.0万吨，自给率不足15%；棕榈油消费量826.5万吨，基本上全部依赖进口；木薯年产量259.8万吨，进口量521.3万吨，67%依赖进口。近年来，伴随着中国热科院等科研单位的成长与发展，我国热带农业科技发展取得了很大成效，在育种栽培、病虫害防控、加工工艺与装备等方面已有较强的科技储备。我国收集保存热带作物种质资源4.7万份，保存量位居世界第一位；南繁育种、热带特色作物基因组学等基础研究，高性能天然橡胶加工、高效采胶、精准施肥与绿色防控、动物疫病防控、渔业资源保护与利用、水域生态环境修复等重大技术研究处于世界领先水平；热带作物选育种、橡胶产排胶机理、加工与分子改性理论等研究处于世界先进水平。

我国热带农业发展具体情况如下。

天然橡胶。天然橡胶是国家重要战略物资，与煤炭、钢铁、石油并列为四大基础工业原料，由于其独特的拉伸结晶特性，具备高强度、高弹性、高抗撕、耐疲劳、耐高温、寿命长等优越特性，被广泛应用于航空轮胎、载重汽车轮胎和国防装备等高端制造领域，至今无法被化学合成胶完全替代。2019年，我国天然橡胶种植面积1 718万亩（居世界第三位），产量81万吨（居世界第四位），进口量达到了511.3万吨。

甘蔗。甘蔗是全球第一大糖料作物和第二大生物能源作物，我国是全球

---

* "亩"为非法定计量单位，1亩≈667平方米。——编者注

第四大食糖生产国、第三大消费国和第一大进口国。2019/2020年榨季，我国热区糖料蔗种植面积约1 730万亩，占全国种植面积的99.8%；甘蔗产量10 609.5万吨，占全国总产量的97%；食糖总产量为1 041.5万吨，其中甘蔗糖为901.5万吨，占86.6%。近年来，我国食糖总产量在1 000万～1 076万吨间波动，年食糖消费量基本保持在1 500万吨以上。

木薯。木薯是世界第六大粮食作物，是世界约8亿人口的主食，主要分布在热带和部分亚热带地区。在我国，因其产量高、淀粉含量丰富，且具有粗生粗长、不与粮争地等优点，被誉为"地下粮仓"和"淀粉之王"，广泛应用于食品加工、化工、生物能源等领域。2019年，我国木薯产量259.8万吨，进口量达521.3万吨。

香（大）蕉。香（大）蕉是多年生草本植物，是世界粮农组织认定的全球第四大粮食作物，也是典型的热带亚热带水果。果实富含蛋白质、碳水化合物、胡萝卜素、烟酸、酪氨酸等营养组分，可预防人体高血压和心血管疾病等，尤其是所含的5-羟色胺有助于睡眠，因此香蕉被誉为"来福果""智慧果""爱情果""快乐果"。香蕉原产印度，主要起源于东南亚等地，如今已有3 000多年的栽培历史，在全球138个国家和地区广泛种植，鲜果贸易量位居榜首。2021年全球香蕉收获面积达533.69万公顷，总出口量为2 458.43万吨，进口量为23 337.65万吨。我国香蕉种植面积位居世界第六，产量位居第二，已成为热作产业一产中产值最高的产业，在推动热区农业产业结构调整、增加农民收入、乡村振兴方面发挥了重要的支撑作用。

热带木本油料。热带木本油料主要包括椰子、油棕、油茶等，其油脂具有饱和度高、不易氧化变质、耐煎炸等优势，在我国主要用于食品工业煎炸和加工用油。其中，椰子油中富含亚油酸、棕榈酸、月桂酸等营养物质，具有提高新陈代谢、抗病原微生物、抗氧化、调节激素等功效，被称为世界上最健康的食用油。油棕果含油量高达50%以上，亩产油量是花生的7～8倍，被誉为"世界油王"。油茶种子中不饱和脂肪酸含量高达90%，远远高于菜油、花生油和豆油，并含有山茶苷等生物活性物质，具有极高的营养价值。

热带果树。热带果树主要包括香蕉、芒果、菠萝、荔枝、百香果、火龙果、番石榴、红毛丹等，果实风味独特、品种多样、营养丰富，在满足市场多样化消费需求、保证农产品市场周年性供应等方面，具有其他水果难以替代的重要作用。荔枝、龙眼和柚子种植面积和产量均世界排名第一，火龙果种植面积和产量均世界排名第二，芒果种植面积和产量均世界排名第三，菠萝种植面积世界排名第四、产量世界排名第五。近年来，随着国民生活水平的提高，百香果、火龙果、番石榴、红毛丹等热带优稀水果作为新一代"贵族水果"的代表，出现在百姓的果盘里，由于其单位面积收益高、市场开发空间大等特点，更是成为许多地区脱贫致富的支柱产业。

热带花卉。热带花卉主要包括热带兰、红掌、三角梅、凤梨、水塔花、映山红、凤仙花、苏铁等，占全部花卉种类的50%以上，具有开花习性优良、终年常绿、四季花开等特点，热带花卉种类繁多，市场占有率高。中国热科院研究较多的是蝴蝶兰、红掌、观赏凤梨、三角梅等，其中蝴蝶兰、红掌、观赏凤梨是全国著名"年宵花"，年产值超100亿元。三角梅是华南地区一大景观植物，在公路绿化、文旅景点、美丽乡村建设中应用广泛，年产值超过70亿元。

热带冬季蔬菜。热带冬季瓜菜主要包括苦瓜、冬瓜、丝瓜、节瓜、番茄、辣椒、茄子、豇豆、菜豆等。其中广东、广西、福建、海南等省份主要栽培品种是豆类、瓜类和茄果类，外销时间主要集中在每年12月至翌年3月；云南南部、贵州西南部等地区主要栽培品种是豆类、茄果类和叶菜类，外销时间主要集中在每年1—5月。2021年，我国热区蔬菜播种面积近6 000万亩，产量近1亿吨；冬春季节播种面积超过3 000万亩，产量超过5 000万吨，其中60%~70%销往北方各大中城市。与北方大棚种植瓜菜相比，热区冬季瓜菜具有品种丰富多样、口感清甜爽脆、生长周期较短、生产成本较低等优势，为保障国民"菜篮子"做出了重要贡献。

热带香辛饮料作物。热带香辛饮料作物主要包括胡椒、八角、肉桂、咖啡、可可、香草兰等。2019年，我国胡椒种植面积世界排名第六、产量世界排名第五，八角、肉桂种植面积和产量均世界排名第一。胡椒是世界使用最广泛的香料，享有"香料之王"的美誉，是日常饮食中不可或缺的调味品，也是最早进入药食同源目录的传统药材之一。香草兰是兰科植物中最具有食用价值的优质食用香料，经发酵生香后可产生250多种芳香族化合物，其主要成分为香兰素、茴香醇和香草醛，人工无法合成。香草兰广泛应用于高档食品、香水和名酒中，被誉为"天然食品香料之王"。咖啡是世界第一大饮料作物，从"种子"到"杯子"产业链长、产品种类丰富、附加值高，满足各年龄、各层次的消费需求。可可是世界三大饮料作物之一，富含可可脂、多酚、可可碱等多种功能性成分，是一种高能量食品，可快速恢复身体机能，是航天员、飞行员、运动员补充身体能量的必备食品。

热带饲料作物与畜牧业。以王草、柱花草等为典型代表的热带饲料作物，具有产量高、耐酸耐热耐干旱、周年刈割等特性。王草在我国热区种植面积最广，鲜草亩产为15 ～ 25吨，是苜蓿的5倍以上。柱花草是热区最重要的豆科牧草，主要在热区果园间作，对于土壤修复、石漠化治理、提高亩产值具有显著作用。发展热带饲料作物是破解人畜争粮、缓解粮食安全压力的重要举措，符合国家"粮食安全"和"生态优先、绿色发展"的战略需求。我国热带地区畜禽种质资源丰富，许多地方特色畜禽风味独特，经济价值高，是地方饮食文化的代表。例如海南文昌鸡、东山羊、儋州鸡等被列为地理标志产品，是广大游客到海南旅游的必点菜品。2018年，我国热区畜牧业总产值达9 687亿元，占全国畜牧业产值的33.8%。发展热带特色畜牧，一方面能有力带动地方经济发展，为热区乡村振兴提供有力支撑；另一方面能有效保护热区各地特有畜禽物种，为国家种业安全和生态多样性保护提供重要保障。

剑麻。剑麻纤维具有拉力强、耐酸碱、耐摩擦、耐低温、不易脆断、不易打滑、不易产生静电等优点，广泛用于制作舰艇、远洋轮船的绳缆，以及用于起重机、钻探、电梯用的钢索绳芯，是国防舰艇、海洋渔业、海洋交通运输业、石油工矿等领域不可替代的环保材料，是我国海洋国防建设重要的战略物资。2019年，我国剑麻种植面积28万亩（位居世界第九），产量9万吨（位居世界第二），单产362.5千克/亩（位居世界第一），单产水平是世界平均水平的4 ～ 5倍。

热带药用植物。热带药用植物主要包括槟榔、益智、砂仁、巴戟天、牛大力、高良姜、金线莲、血叶兰、沉香、广藿香、丁香、肉豆蔻、降香、金不换、莪术、五指山参、黄檗等3 600多种，占我国药用植物种类的25%以上。目前，中国热科院研究较多的是槟榔、益智、砂仁、巴戟天、牛大力、沉香、高良姜、黄胆木等，其中以槟榔、益智、砂仁、巴戟天为代表的南药、黎药，在治疗恶性肿瘤、白血病和肝炎等疑难杂症方面疗效独特，具有巨大的市场开发潜力，是实施健康中国战略的重要基础生物资源。

　　热带粮食作物。热带粮食作物主要包括特色稻、特色玉米、波罗蜜、面包果、椰枣等。我国热带地区水稻和玉米生长季节长达9.5个月，甚至全年，水稻一年三熟，玉米3～5茬。波罗蜜是粮果两用作物，其种子淀粉含量高，煮熟后味如板栗，烘烤后可做成面包，在印度、孟加拉国、越南等世界热区国家是备受推崇的重要粮食作物。2019年，我国波罗蜜种植面积40万亩，世界排名第四位。面包果果实淀粉含量高，烤后味如面包，松软可口，酸中带甜，是南太平洋地区国家的重要粮食作物，仅在我国台湾和海南有零星种植。椰枣耐高温、耐水淹、耐干旱、耐盐碱，果实含糖量高，营养丰富，既可作粮食，又是制糖、酿酒的原料，是伊拉克、沙特阿拉伯、阿联酋等中东地区国家的重要粮食作物，在我国福建、广东、广西、云南等省份有引种栽培，在云南元谋县露地栽培能结实。适度规模发展波罗蜜、面包果、椰枣等热带特色木本粮食作物能够缓解因粮食增产所带来的生态破坏压力，是对国家"藏粮于地、藏粮于技"战略的有效延伸及补充。

　　热带海洋生物。我国热带海洋面积约264万平方千米，占全国海洋面积的56%，其中各类海洋生物超4 000种，具有很高的生态价值、经济价值和科研价值。挖掘和利用热带海洋生物资源的药用价值，将为解决重大疑难杂症和保障人类健康提供重要基础资源。发展热带岛礁农业是热带岛礁建设的主要组成和维护国家主权的重要措施，对维持热带岛礁生态系统稳定与功能有着重要作用，同时也能丰富海岛人民的食谱，有助于驻岛军民的食物供给保障。

第三章

科技支撑中国热区乡村振兴典型案例

第一部分　科技支撑典型中国热带地区乡村振兴典型案例

科技支撑白沙黎族自治县天然橡胶产业高质量发展

一、基本概况

　　白沙黎族自治县（以下简称"白沙县"）位于海南省中部偏西，曾经是海南唯一的深度贫困县。白沙县目前共有119万亩橡胶，惠及12万农民，2021年白沙农民人均可支配收入（15 767元）中就有三成来自橡胶，橡胶已成为白沙乡村振兴不可替代的支柱产业。多年来，中国热带农业科学院橡胶研究所（以下简称"中国热科院橡胶所"）与白沙县持续深入开展合作，充分发挥科技、人才优势，在橡胶树新品种、新技术、新模式、新装备等产业发展关键领域和环节，为白沙县天然橡胶产业发展提供了有力的科技支撑，巩固了脱贫攻坚成效，为乡村振兴增添动力。2020年白沙县全面实现了高质量的脱贫摘帽，打造出海南白沙"特色产业精准扶贫模式"名片，支撑脱贫攻坚与乡村振兴的有效衔接。2022年白沙县入选了国家乡村振兴示范县的创建名单，实现了由全省曾经唯一的国定深度贫困县到全省唯一入选国家乡村振兴示范县创建名单市县的精彩"蝶变"。

二、做法举措

一是选派干部接续驻点帮扶。近年来，中国热科院认真贯彻落实国家和海南省关于脱贫攻坚和乡村振兴的各项决策部署，选派挂职第一书记、科技副乡镇长、乡村振兴工作队队员和科技特派员12人次，重点帮扶白沙县5个乡镇、9个村委会（阜龙乡天堂村、新村；元门乡红茂村、红旗村；青松乡拥处村、打柄村、青松村；打安镇福妥村；七坊镇高石村），积极帮助贫困村打造特色扶贫产业，助力贫困村产业振兴，推动脱贫攻坚与乡村振兴的有机融合。在众多帮扶点中，白沙县青松乡是中国热科院脱贫攻坚定点帮扶乡，中国热科院选派优秀干部在青松乡，以"橡胶保收、林下经济增收、特色产业创收"为主线，开展了一批幼龄胶园山兰稻种植示范项目、开割胶园益智种植示范基地项目等，带动地方产业结构升级。截至2020年11月，通过挂职干部的不懈努力和中国热科院持续的科技支撑，经国务院第三方评估，拥处村完成169户624个贫困人口的脱贫，人均增收达1 200余元（图1）。

图1　帮扶干部驻村指导

二是重点打造特色产业品牌。2019年3月14日，中国热科院橡胶所与白沙黎族自治县人民政府签署《天然橡胶产业所县战略合作协议》，在良种良苗、种植管理、科技成果转化及科技专业培训等方面开展全方位的合作。凝练总结天然橡胶"三统一"（统管、统销、统保）服务模式，在11个乡镇建设1 240亩橡胶标准化种植扶管示范园；建立2个天然橡胶工作站（图2），推广新品种、新技术。近几年，累计在白沙县推广应用橡胶种苗2.3万余株，斑兰叶种苗10万余株，电动胶刀3 000余把；开展项目合作18项，合作金额达2 500万元；采用全周期栽培模式，在打安镇福妥村、元门乡红旗村委会红卫村开展示范胶园建设120亩；协助白沙县举办第六届海南省"胶友天下"割胶技能竞赛和白沙县第一届电动胶刀割胶比赛；联合申报2021年专家服务基层工作项目、国家级专家服务基地和全国农业农村信息化示范基地；通过实施天然橡胶产业集群项目，使白沙与儋州、琼中、澄迈、昌江、屯昌、海口等地逐步形成天然橡胶产业优势互补集群化发展趋势；积极谋划科技支撑白沙县天然橡胶良种良法补助项目实施，推动国家政策落地落实；协助白沙县完成5万亩橡胶林地的FSC-FM首年认证。截至2024年6月，已有11名认证农户与海南丰沐实业有限公司签订FSC橡胶木销售合同，总计数量为1 519.67立方米，合同总金额约为93.59万元，其中FSC增值部分为10万余元（图3）。

图2　橡胶工作站揭牌

图3　良种良法示范基地

三是持续人才智力供给。橡胶所高度重视培养当地农户的可持续生产能力，通过"培训+推广+服务"的模式，在良种良苗、项目示范、技术培训等方面向白沙县年均派出专家500人次以上，直接服务农户20 000余人次，示范推广电动胶刀、"三天一刀"等天然橡胶新型割胶工具和新割制。2023

年5月，海南省农业农村厅以中国热科院为主体组建海南省天然橡胶产业科技服务团（图4）。科技服务团先后派出专家80余人次，针对白沙县等天然橡胶种植大县的种植大户、新型农业经营主体、企业、政府部门等开展近60次的调研与科技服务、咨询与技术指导。科技服务团聚焦产业发展难题，扶持新型经营主体，共建示范展示基地、技术服务平台，推广服务成果，推动科技支撑天然橡胶产业现代化。2023年6月12日，中国热科院橡胶所与白沙县签订为期3年的天然橡胶产业顾问组合作协议。产业顾问组围绕白沙县天然橡胶产业发展需求，聚焦产业带头人、示范展示基地、技术服务平台等内容开展技术服务支撑（图5）。

图4　科技服务团田间调查

图5　举办培训班

三、主要成效

（一）打造海南白沙县拥处村特色产业精准扶贫模式。一是新技术助力产业提升。通过推广天然橡胶种植和林下间种山兰旱稻、南药种植等技术，有效提高天然橡胶管护水平和产胶量，保障村中产业的良性可持续发展；二是帮助建设橡胶、林下间种益智和黑山兰糯稻、火龙果等高产栽培示范基地，带动南药年产量提高到2.4万千克，黑山兰糯稻年产量提高到10万千克，全村户均增收超过2 000元，有效带动脱贫农户的长期稳定增收；三是支持成立仙婆岭种养专业合作社，指导走上"产业富农、品牌兴农"之路。

合作社成立第一年销售额为50万元，人均增收980元，帮助脱贫人口510多人；四是支持创办"啦奥门山兰文化节"活动，进入县级非物质文化遗产目录，推动一二三产业融合发展。拥处村成为中国热科院科技支撑精准扶贫和乡村振兴融合发展"样板田"。

（二）天然橡胶产业持续向好发展。2023年，低产低质橡胶更新面积5 519.04亩，其中打造全周期种植标准化胶园1 000多亩，推行"橡胶+菌菇""橡胶+粽叶""橡胶+益智"等立体种植业态模式，构建立体化胶园。发展益智、粽叶、菌菇等林下经济超14.5万亩，其中菌菇产业实现从无到有，面积过万亩，产值超亿元，带动胶园从割胶年亩产收益1 200元变为"橡胶+"林下经济年亩产综合效益达2万元以上。2023年，白沙县天然橡胶种植面积104.7万亩（其中民营橡胶种植面积达69万亩）。民营橡胶开割面积59万亩，干胶产量3.83万吨，总产值4.1亿元，带动2.7万户（其中脱贫户10 063户）胶农增收致富，户均收入15 000元。2024年上半年，干胶产量9 068.21吨，同比增长3.83%；2024年上半年，干胶产值13 144.36万元，同比增长43.55%。近年来，通过引进优质品种、推广科学种植技术，橡胶品质得到进一步提升，优质胶乳比例逐年增加，农民从橡胶种植中获得的收益稳步增长。

（三）政策稳　胶农信心成效显著。通过橡胶"期货+保险""橡胶价格保险"双保险制度和"销售鲜乳胶奖励""割胶生产奖励"双奖励机制，有效促进橡胶产业提质增效，解决"胶贱伤农"问题，加强了胶农发展橡胶产业的信心，保障天然橡胶产业高质量发展。2023年度"橡胶期货+保险"理赔1 841.3万元，受益胶农27 426户，户均增收671.4元；"价格收入保险"理赔5 896万元，受益胶农21 087户，户均增收2 796元。截至2024年6月30日完成发放橡胶双奖励补贴2 650.32万元，受益胶农1.87万户，户均增收1 417.28元。

橡胶林下特色食药用菌技术模式助力 白沙县"两山实践"创新

一、基本概况

白沙县地处海南中部山区，该县拥有103.9万亩橡胶林地，由于橡胶价格的波动，当地农户的经济收入受到不同程度的影响，发展林下经济是提高经济收入的重要途径。以前主要通过橡胶林下种植益智，由于近年来益智价格锐减，导致农户经济效益明显减少，急需发展新的产业模式来提高农户的经济收益。其中，原位于海南国家热带雨林公园核心区的白沙南开乡高峰村，2017年以前是深度贫困村，在全村118户中，建档立卡贫困户就有101户。2020年底，高峰村搬迁到距离县城3千米的新建高峰新村。如何确保"搬迁群众搬得出、稳得住、能致富"，是搬迁村面临的首要问题。

二、做法举措

一是因地制宜，制定林下食药用菌发展策略。中国热带农业科学院环境与植物保护研究所（以下简称"中国热科院环植所"）食用菌团队充分利用白沙县天然橡胶种植面积大的产业优势和地处海南国家热带雨林公园的地理优势，通过林下实地调研和消费市场需求调研发现：珍稀食药用菌红托竹荪主要分布在我国的云南、四川、贵州，其中贵州为主产区，栽培季节一般为每年4—11月，但主产区12月至翌年4月温度过低，不适宜栽培，红托竹荪鲜品市场严重缺货。然而冬季（尤其是春节）消费需求增大，形成消费需求与市场供给的巨大落差。海南中部地区的白沙县，海拔较高，10月至翌年4月的气候条件适宜中温型品种红托竹荪的栽培，正好弥补国内冬季市场的空白，满足国内高端食用菌市场需求，具有显著的竞争优势。海南夏季高温时间长达8个月，雨水充足、土壤湿度大，非常适合喜热耐热的高温型品种虎奶菇和虎乳灵芝的生长。因此，研究团队制定了橡胶林下冬季栽培红托竹荪，夏季种植虎奶菇、虎乳灵芝等价值高的食药用菌的发展策略。

二是科技支撑，助力白沙县"两山实践"创新。针对橡胶林下食药用菌产业发展存在的问题，研究团队研发了橡胶林下红托竹荪高产栽培技术、橡胶林下虎奶菇高产栽培技术、橡胶林下虎乳灵芝高产栽培技术等技术体系。团队科技人员长期扎根一线，通过技术培训、田间指导、科普视频等多种方式指导当地企业和种植户发展林下食药用菌产业。同时，通过生产一线"育"、在干中"带"、在用中"管"的方式，培养了一支懂技术、善经营、会管理、能带动当地发展的乡土人才队伍，为全面推进林下食药用菌发展和乡村振兴注入"源头活水"（图1）。

整地与下种

管理与采收

图1　林下食药用菌高效栽培技术

三是林下食药用菌绿色低碳农业模式，促进农业生态产品价值实现。研究团队构建了"橡胶林—红托竹荪—虎奶菇""橡胶林—虎乳灵芝""橡胶林—益智—食药用菌"林下3D立体农业模式（图2）。每亩橡胶林增加经济收益2万～10万元，土壤有机质增加1 710千克/亩，土壤碳汇增加146.35千克/亩，二氧化碳排放量减少13%。同时，生态产品红托竹荪、虎奶菇、虎乳灵芝等特色食药用菌（图3），真正实现了生态产品价值转化，践行"绿水青山就是金山银山"的理论。

图2 "林—菌"生态高值模式

图3 研究团队打造的生态产品（虎奶菇、虎乳灵芝）

三、主要成效

一是林下食药用菌产业规模快速扩大。2019年以前，白沙县林下食药用菌仅有零星种植，种植主要品种为茶树菇、黑木耳等大众化品种。自2019年在中国热科院环植所食用菌团队的技术支持和推广下，橡胶林下食药用菌种植面积逐年递增，截至2023年底，全县牙叉镇、青松乡、阜龙乡、元门乡等6个乡镇林下食药用菌的种植面积达10 000亩，种植品种主要为红托竹荪、虎奶菇、虎乳灵芝、赤灵芝等附加值较高的特色食药用菌。同时，为保障林下食药用菌产业的发展，团队技术支撑当地企业建设了一座年产菌包

300万棒的自动化菌种生产线（图4）。

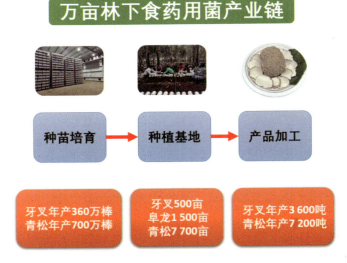

万亩林下食药用菌产业链

种苗培育　→　种植基地　→　产品加工

牙叉年产360万棒　　牙叉500亩　　牙叉年产3 600吨
青松年产700万棒　　阜龙1 500亩　青松年产7 200吨
　　　　　　　　　青松7 700亩

图4　白沙县林下珍稀食药用菌产业分布

二是胶农收入大幅提高。通过"科研院所＋公司＋村集体＋农户"的推广模式，发展橡胶林下食药用菌产业，依靠公司租用胶农橡胶林地开展食药用菌种植模式，胶农每亩胶林获得地租500元，同时企业为当地胶农提供了150多个固定就业岗位，临时用工7万多人次，每年务工费用约1 300万元，采用"入股分红＋到期返还本金"模式，每年村集体收益分红约为279万元。实现家门口就业，提高就业率；同时还能引导农民返乡就业和创业，防止农村空心化现象，真正实现了和美乡村。

三是实现资源循环利用和种植业绿色低碳转型。天然橡胶主要生产区种植结构单一，生态系统结构比较脆弱，经营管理措施稍有不慎就易引起土壤肥力和质量退化、系统结构不稳定等问题。通过"胶林—食药用菌"绿色低碳农业模式的推广，实现了资源循环利用；通过菌渣还林能促进农业废弃物循环利用，提高土壤养分和有机质，减少橡胶栽培过程中的化肥使用量，改善土壤理化性质，减轻环境负荷，增加土壤碳汇。以10 000亩的种植面积计算，土壤有机质增加17 100吨，土壤碳汇增加1 463.5吨，二氧化碳排放量减少2 823.33吨，实现了生态效益与经济效益的双赢。

科技支撑海南黄灯笼辣椒产业高质量发展

一、基本概况

提起黄灯笼辣椒，大家就会想到香味浓郁的辣椒酱，这已成为海南一张特色的农产品名片。黄灯笼辣椒在海南从原料种植、加工到销售已经有了很成熟的产业链，所以风险指数比较低，效益也较稳定。海口大规模种植黄灯笼辣椒的并不多，中国热带农业科学院热带作物品种资源研究所（以下简称"中国热科院品资所"）蔬菜花卉研究中心党支部专家对龙合村土壤进行检测，该村位于羊山地区，日照充足，蕴含丰富的矿物质，土壤较肥沃，十分适合种植黄灯笼辣椒。

二、做法举措

一是立足资源优势，发展特色产业，助推乡村振兴。为壮大村集体经济，充分考虑该村的地理特点和资源优势，从2021年6月开始，在村党支部的带领下，发展特色产业、拓宽致富之路，龙合村成立村集体企业，立足本地乡村生态资源优势，发展黄灯笼辣椒种植，在品种上则选择了中国热科院品资所培育的丰产、抗病、辣度高的"热辣2号"。

二是强化"输血"，增强"造血"，激发乡村振兴内生动力。2022年海南省将"做强做优热带特色高效农业，积极引进和培育热带果蔬优质品种"写进了省第八次党代会报告。省第八次党代会提出，大力实施乡村产业发展行动，深入推进农业供给侧结构性改革。在中国热科院品资所蔬菜花卉研究中心专家的悉心指导下，龙华区遵谭镇龙合村因地制宜大力发展黄灯笼辣椒种植，通过订单式农业推动特色产业发展，促进农民增收致富，助力乡村全面振兴。通过可行性和前景评估，龙华区农业农村局、遵谭镇政府深入推进黄灯笼辣椒的标准化生产，安排专项资金建设育苗设施，搭建了5 723.98平方米的育苗棚，支持特色产业发展壮大，奋力打造特色高效农业样板区。黄灯笼辣椒标准化育苗大棚的建成以及加强育苗技术指导，进一步提高了育苗效率，保证了种苗质量，农户种植的种苗由企业统一提供，从而进一步促进农业增效和农民增收（图1和图2）。

图1　黄灯笼辣椒示范基地　　　　　图2　与农户交流黄灯笼辣椒

三是采用"科研院所＋党支部＋村集体公司＋企业＋农户"发展模式，助力农民增收、企业发展、地方受益。为了壮大村集体经济，立足本地乡村生态资源优势，发展乡村特色产业，采用"科研院所＋党支部＋村集体公司＋企业＋农户"的发展模式。科研院所提供技术支撑，党员带头参与，农户提供土地，村集体公司提供资金和种子，企业负责运营和管理，村民既不用愁种苗和种植技术，也不用愁销路，由村集体公司与收购企业提前签署收购订单，为农户提供保底收购价，让农户吃下"定心丸"。

四是人才赋能产业发展，科技助力乡村振兴。产业要发展，离不开科技支撑、更离不开青年人才，因为只有让资金、技术、人才等要素加速向农村汇聚，才能更好地实现农业增效、农民增收。中国热科院品资所蔬菜花卉研究中心党支部专家从品种选择、育苗、田间管理、病虫害防治等方面，针对龙合村黄灯笼辣椒种植开展了全方位的指导。"人才兴、产业旺、腰包鼓"，一幅宜居宜业、和美乡村画卷正在龙合村徐徐展开（图3）。

图3　黄灯笼辣椒栽培技术培训

三、主要成效

一是黄灯笼辣椒产业规模快速扩大，并解决了部分村民就业问题。2022年，黄灯笼辣椒种植基地共发动19户村民参与黄灯笼辣椒种植，其中党员5户、脱贫户2户，基地种植面积共达30亩，解决了15个就业岗位，共采摘6万多斤辣椒，销售收入达15万元左右。2023年，泡椒价格一度降到0.8元/千克，但黄灯笼辣椒最低5元/千克，15万余斤[*]的销量为村集体增收约50万元，整体收益较好，让农户更加坚定了信心。龙合村黄灯笼名气打响了，目前遵谭镇以龙合村为示范点，并带动东谭村、群力村两村发展辣椒种植产业，3个村的总种植面积已扩大到300亩，农民积极发展特色产业、共享产业发展红利，助力乡村振兴。黄灯笼辣椒种植产业的成功引进，使得龙合村摇身一变成为遵谭镇村集体经济发展的示范村（图4）。

图4　"热辣2号"与"热辣8号"示范点

二是产业带就业，拓宽增收路，巩固拓展脱贫攻坚成果。发展黄灯笼辣椒产业，不仅让种植户尝到了甜头，还带动了村中20余户低保户、脱贫户就业。随着种植面积的扩大，种植、管理、采摘等环节都需要大量的劳动力，龙合村辣椒基地可提供的就业岗位也从30个增加到60个，带动了周边的群众来此务工增加收入。村民自从在这里务工后收入稳定了，每个月工资有4 000多元，做到了顾家、务工两不误。

---

* "斤"为非法定计量单位，1斤＝500克。——编者注

科技创新引领野生南药牛大力人工驯化栽培产业创建与发展

一、基本概况

牛大力，学名为南海藤（*Nanhaia speciosa*），是一种分布在热带和亚热带地区的野生名贵药材，其块根部位作为药用，经济价值与药用价值极高，可用于治疗腰肌劳损、风湿性关节炎，治肺热、肺虚咳嗽、肺结核、慢性支气管炎、慢性肝炎等。近年来，由于药品生产及对食补需求的急剧增加，人们对野生牛大力大量采挖，采挖范围从海南、广东、广西蔓延到越南等东南亚诸多国家和地区，造成严重的资源枯竭和生态破坏。即使如此，野生牛大力的采挖产量仍不能满足药品生产和生活食补的需要，药材的收购量和药材品级急剧下降，北方市场甚至出现用茎秆充当药材的现象。因此，实现牛大力的人工栽培，保证市场的稳定供应，是保护野生牛大力资源和生态环境的关键措施。自2004年开始，中国热科院品资所徐立团队，开始进行牛大力资源的收集、繁育与新品种培育研究，突破了牛大力组培种苗繁育技术，育成高产优质新品种"热选1号"，在热区推广种植30多万亩，为热区脱贫攻坚和乡村振兴提供了重要支撑。

二、做法举措

一是勇克科技难题。牛大力为豆科木质藤本植物，繁育非常困难。野生牛大力攀援于乔木上，开花结果较少，种子还有10%以上的异交率。第一，难以收集到足够的种子；第二，种子容易被昆虫啃噬，发芽率低；第三，种子苗性状不整齐，产量不能保证，牛大力枝条中空，扦插难以成活。因此，开展人工驯化栽培，种苗繁育成为瓶颈难题。徐立团队秉持攻坚克难的精神，历时7年，攻克了牛大力种苗繁育技术（图1），为牛大力人工驯化栽培奠定了重要基础。

图1 牛大力产业化育苗

二是全面科技支撑。在解决牛大力种苗难题的基础上，针对牛大力人工驯化栽培中的各个方面，团队开展了全方位的技术研发，解决了多个层面的技术难题：一是种苗包装运输，从损失80%到损失不到2%；二是选地整地，选好了排水良好的山坡、缓坡地，避免淹水损失；三是定植成活率从不足40%提升到95%以上；四是管理成本，创建免搭架修剪技术，节省人工、物料成本40%以上，每亩节省开支4 000多元；五是采收效率，采用挖掘机采收，块根回收率由20%提高到90%以上，采收速度提高了200多倍；六是优良品种，育成"热选1号"牛大力，单株产量高达60千克（图2），亩产达2 000千克以上。以上技术的创建，为种植者解决了栽培中多个环节的技术问题，让牛大力人工驯化栽培产业得以建立和发展。"牛大力野生种质资源收集与创新利用"项目获得海南省科技进步奖一等奖。

图2　牛大力规模化栽培情况

　　三是不断提升源动力。在牛大力产业发展中，不断应对新问题，创建新技术、新方法，并以新品种培育为抓手，从源头上促进牛大力产业长期稳定发展。压缩运输成本，将种苗移栽技术传授给种植者，以无菌袋苗方式运输，节省90%以上的运输成本；快速培育品种，结合组织培养快繁技术，以及杂交、诱变、基因工程等技术，缩短品种育成时间3～5年，培育了优良品种72个，获得植物新品种保护权23件（表1）。

表1　育成牛大力新品种清单

品种号	名称	类型	获得日期
琼认牛大力2014001	热选1号	认定品种	2015.9.21
CNA20191004130	热选20号	植物新品种保护权	2020.9.30
CNA20191004127	热选22号	植物新品种保护权	2020.9.30
CNA20191004117	热选27号	植物新品种保护权	2020.9.30
CNA20191004489	热选31号	植物新品种保护权	2020.9.30
CNA20191004139	热选11号	植物新品种保护权	2021.12.30
CNA20191004131	热选12号	植物新品种保护权	2021.12.30
CNA20191004136	热选14号	植物新品种保护权	2021.12.30
CNA20191004134	热选16号	植物新品种保护权	2021.12.30
CNA20191004132	热选18号	植物新品种保护权	2021.12.30
CNA20191004131	热选19号	植物新品种保护权	2021.12.30
CNA20191004149	热选2号	植物新品种保护权	2021.12.30
CNA20191004492	热选34号	植物新品种保护权	2021.12.30
CNA20191004503	热选45号	植物新品种保护权	2022.8.18
CNA20211006113	热选69号	植物新品种保护权	2023.5.24

（续）

品种号	名称	类型	获得日期
CNA20191004494	热选36号	植物新品种保护权	2023.9.8
CNA20191004500	热选42号	植物新品种保护权	2023.9.8
CNA20191004507	热选49号	植物新品种保护权	2023.9.8
CNA20191004517	热选51号	植物新品种保护权	2023.9.8
CAN20191004522	热选56号	植物新品种保护权	2023.9.8
CNA20191004523	热选57号	植物新品种保护权	2023.9.8
CNA20191004526	热选60号	植物新品种保护权	2023.9.8
CNA20191004144	热选7号	植物新品种保护权	2023.9.8

四是专家传经送宝。中国热科院品资所专家秉承"授人以鱼，更要授人以渔"的科技帮扶理念，不仅带来新品种、新技术、新模式，更要将牛大力科学管理、精品管理的技术融入到农民的心坎里。为了巩固脱贫攻坚成果和服务国家乡村振兴，助力我国牛大力产业高质量发展，徐立团队的相关专家多次到牛大力栽培地区开展栽培技术培训活动，手把手将技术送到田间地头（图3）。协助广东麦林科技有限公司建设牛大力种苗繁育基地，指导海南、

图3 牛大力育苗及栽培技术田间培训

广东、广西种植者进行牛大力栽培技术培训300多人次。

三、主要成效

一是牛大力产业实现零的突破。牛大力一直处于野生状态，过度采挖造成了牛大力野生资源的锐减。中国热科院品资所在解决了牛大力人工栽培的全链条技术、育成品种后，牛大力的人工驯化栽培得以实现，并迅速扩大到30多万亩的规模。

二是牛大力产业水平有质的提升。牛大力"热选1号"在热区覆盖率达95%以上，随着"热选1号"牛大力在采收后展现其高产及优质特性，进一步得到了广大农民的认可，逐渐替代了少量未知来源的种子苗株系和近似有小毒的广东崖豆藤。为牛大力后期产品的加工、制药提供了统一来源，更有利于牛大力产业的发展与提升。

三是牛大力种植户收入大幅度提高。牛大力"热选1号"在海南种植面积约5万亩，亩产2 000千克以上，鲜品市场售价约38元/千克，总收入7万元/亩，海南全省栽培牛大力总产值约35亿元。广西牛大力种植面积10万亩，栽培总产值70亿元；广东牛大力种植面积15万亩，栽培总产值达100多亿元。目前，牛大力的栽培仍以公司为主导，广东实施了牛大力小镇等项目，以村为单位，免费为农户提供优质种苗，让农户种植牛大力并回收产品，用于后期加工，延长产业链。

绿色植保助力海南鲜食玉米产业

一、基本概况

近年来，海南反季节鲜食玉米产业发展迅猛，已成为海南冬季种植业结构调整和农民脱贫致富的优选项目，2021年海南省鲜食玉米种植面积已突破50万亩，对促进农业产业结构调整，实现农业增效、农民增收起到了显著的促进作用。海南鲜食玉米在生产过程中，面临诸多挑战，其中之一就是病虫害发生严重，特别是草地贪夜蛾(*Spodoptera frugiperda*)入侵海南后，给玉米生产带来了极大危害，严重影响了玉米的产量和品质。玉米其他常见病虫害，如玉米螟(*Ostrinia nubilalis*)常年发生，幼虫会蛀食玉米茎秆和果穗，严重时会导致植株枯死。海南作为反季节玉米的主要产区，虫害严重威胁到玉米的产量和品质，防控形势十分严峻。化学防治仍是海南玉米虫害的主要措施，然而过度依赖化学防治会造成环境污染、农药残留和食品安全等问题。目前，玉米绿色防控技术的推广和应用有限，部分农民对绿色防控的认知和操作水平较低，在防治玉米病虫害的过程中，一些农民仍依赖于高毒高残留的化学农药，高频次用药影响了环境和农产品安全。在病虫害监测和防控技术方面，部分地区技术力量不足，难以及时有效地防控病虫害。

二、做法举措

一是田间使用高效监测技术，提前预警鲜食玉米虫害。建立一个科学、高效的鲜食玉米虫害监测和预警系统。通过安装监测设备，提前预警虫害的发生，及时采取防控措施，保障鲜食玉米的产量和品质。诱控监测技术。诱控监测包括物理诱控和化学诱控。物理诱控技术应用包括在东方市感城镇不磨村等地安装高空灯、测报灯等设备，其优点在于可同时诱集多种害虫且不会伤害人畜和天敌，研究团队在不磨村通过高空灯诱集草地贪夜蛾，并对贪夜蛾在海南的发生动态进行了监测预警。相比于物理诱控，化学诱控有更高的选择性和灵敏度，研究团队在玉米田使用性诱捕器监测玉米田草地贪夜蛾，诱芯具有缓释结构，持效期长，可达45天以上，能够起到在鲜食玉米重要生育期监测害虫的作用，解决了草地贪夜蛾的测报难题，为当地农技部门提供测报数据。昆虫雷达监测技术。昆虫雷达是开展迁飞性害虫监测与研究的一种重要设备，可利用昆虫自身的"回波"，用模式参数计算出迁飞性害虫的数量、体型、飞向、高度等，并形成监测数据。研究团队在东方市鲜食玉米生产基地安装和运行车载雷达，可对鲜食玉米种植区上空的迁飞昆虫进行预测预报，保障鲜食玉米生产和海南冬季瓜菜生产安全(图1)。

图1 中国热科院环植所在东方市鲜食玉米区使用的监测技术

二是基于寄生蜂联合释放的绿色防控技术模式。在东方市鲜食玉米种植区，在玉米苗期释放卵寄生蜂（夜蛾黑卵蜂和螟黄赤眼蜂），玉米喇叭口期联合释放"卵寄生蜂（螟黄赤眼蜂、夜蛾黑卵蜂）+幼虫寄生蜂（淡足侧沟茧蜂）"，玉米抽穗期后联合释放"卵寄生蜂（螟黄赤眼蜂、夜蛾黑卵蜂）+幼虫寄生蜂（淡足侧沟茧蜂）+蛹寄生蜂（霍氏啮小蜂）"。小面积防控可通过人工放置蜂卡或抛蜂球的方式进行；大面积连片释放时，可选用无人机抛撒；大面积联合释放时采用放置蜂卡和无人机抛撒蜂球相结合的方式。以该技术为核心的成果"海南鲜食玉米入侵重大害虫草地贪夜蛾监测与防控技术应用推广"获2019—2021年度全国农牧渔业丰收奖、农业技术推广成果奖三等奖1项，"多种寄生蜂联合释放的草地贪夜蛾绿色防控技术"入选2024年海南省农业农村厅发布的农业主推技术（图2）。

图2 多种寄生蜂联合释放的草地贪夜蛾绿色防控技术

　　三是模式深度创新。在鲜食玉米病虫监测和防控的过程中，中国热科院环植所和当地农技部门联合共同发布农业病虫情报，为鲜食玉米病虫防控创建了"政府＋科技＋农民"的模式。东方市农业服务中心联合中国热科院环植所在东方市鲜食玉米种植阶段，同时也是治虫防病夺取丰收的关键时期，发布病虫害情报，经过逐层传达，各镇、村高度重视，加大宣传、指导，切实做好防控工作。通过田间技术培训和指导，提升农户对鲜食玉米种植管理、病虫害防控等方面的技术水平，提高鲜食玉米的产量和品质，促进农民增收。通过技术培训，农户在鲜食玉米种植管理、病虫害防控等方面的技术水平显著提升（图3）。通过科学管理和防控技术，病虫害发生率降低30%以上。科学的种植管理提高了鲜食玉米的产量和品质，增加了农民收入。推广绿色防控技术和科学管理方法，减少化学农药和肥料的使用，促进农业可持续发展。

图3　田间技术培训和指导农户

三、主要成效

　　一是绿色防控模式快速扩大。该技术已经在海南省多地大面积推广应用，在东方、三亚、儋州等地建立示范基地，鲜食玉米绿色植保技术核心示范面积达1 200亩次，技术推广约6.5万亩；举办鲜食玉米病虫害绿色防控技术培训班12次，科普活动和田间地头科技服务共2 000多人次，编写相关技术资料并发放 5 000 多份，取得了良好的社会效益。

二是减少化学农药使用保护生态环境。应用鲜食玉米绿色植保技术指导玉米种植企业和种植户种植面积超过 1.2 万亩，生产玉米过程与完全依赖化学防治相比，农药使用量减少 20% 以上。该技术减少了劳动力投入，提高了玉米品质，近三年有效阻止了外来有害生物的扩散蔓延，海南生态环境免受破坏，有效解决了高毒化学农药造成的环境与产品安全问题，在粮食安全、生物安全和生态安全方面起到了重要作用。

科技支撑万宁斑兰叶产业高质量发展

一、基本概况

斑兰叶，学名香露兜（*Pandanus amaryllifolius Roxb.*），又名斑斓叶、香兰叶、板兰叶等，为露兜树科（Pandanaceae）露兜树属（*Pandanus*）多年生草本香料作物。斑兰叶叶片富含角鲨烯、亚油酸、植醇等活性成分，主要香气成分为 2- 乙酰 -1- 吡咯啉，能散发出一种特殊香气——粽香，具有增强细胞活力、加快新陈代谢、提高人体免疫力的作用。斑兰叶被广泛应用于食品、医药、化妆品等领域，被誉为"东方香草"。我国斑兰叶最早由归国华侨在 20 世纪 50 年代从印度尼西亚引进，食用历史悠久、文化内涵丰富，符合绿色、健康、优质消费新理念。我国斑兰叶长期以零星种植为主，现有的种植规模远远达不到市场需求。近年来，中国热带农业科学院香料饮料研究所（以下简称"中国热科院香饮所"）主要在海南万宁等地区，围绕科技支撑斑兰产业发展开展了深入系统的工作，促进海南林下经济发展，助力海南斑兰叶高质量发展。

二、做法举措

一是规划超前引领。海南是我国斑兰叶种植的起源地和优势产区，种植区域主要有万宁、琼海、文昌、儋州、定安等。该作物具有好育苗、好种植、好管理、好采收、好加工、好前景"六个好"特点，技术门槛低，经济价值高，一次种植、多年受益。随着产业发展，市场供不应求，民间种植斑兰叶的积极性高涨，但种植标准化生产程度低，农产品品质参差不齐，缺乏精深加工技术与产品，品牌建设滞后。近年来，中国热科院香饮所专家进行实地考察、多次论证，编制了《万宁市斑兰叶产业发展规划（2023—2025年）》，明确了斑兰叶产业发展的总体要求、发展目标、主要任务和重点工程，并提出了保障措施，做大做强斑兰叶全产业链，紧扣斑兰叶全产业链开展工作，切实做好"斑兰叶产业链条"延链、补链、强链文章。以斑兰叶为始发点，向前向后不断延伸产业链条规模、放大产业聚集效应、推动产业集群高质量发展，让斑兰叶产业成为万宁市重要的支柱产业、朝阳产业及县域富民产业，带动农民就地就近就业增收，为万宁市探索产业振兴路径打造乡村振兴样板。

二是科技全面支撑。为了落实合作精神，助推当地农业产业发展和农民脱贫致富，针对万宁市的科技需求，中国热科院香饮所整合相关科技力量，为万宁斑兰叶产业发展提供强有力的科技支撑。选育出具有香气浓、抗性强、产量高等特点的优良无性系"棕香斑兰"，攻克斑兰叶种苗繁育及产品加工关键技术，制定农业行业标准《香露兜种苗》、海南省地方标准《斑兰叶（香露兜）种苗》《斑兰叶（香露兜）种苗繁育技术规程》《林下间作斑兰叶（香露兜）技术规程》，提高斑兰叶种苗质量、确保优良种苗标准化生产、规范林下间作斑兰叶种植技术，为斑兰叶全产业链技术推广应用奠定了基础（图1）。

三是模式深度创新。历经不懈探索，中国热科院香饮所开启了以挂职干部为纽带、以当地政府为主导、以创新团队为支撑、以企业或合作社为平台的"政府＋科技＋企业"的高效推广模式，培训乡村振兴工作队、致富带头人、农户、技术骨干等12万多人次（含线上），为当地培养了拥有新观念、新技术的高素质农民。在万宁村镇推广种植斑兰叶2 000亩，采取以"公司＋村集体＋农户"的发展模式，联农带农合作发展斑兰叶产业，有效促进斑兰叶产业高质量发展，助力农民增收。重视斑兰叶优良种苗繁育、林下栽培、病虫害防治等技术的推广应用，增加单位面积的经济效益，确保村集体和农户可持续性增收。

图1　斑兰林下间作种植模式

四是专家传经送宝。中国热科院香饮所专家坚持深入贯彻落实习近平新时代中国特色社会主义思想，坚定不移贯彻新发展理念、落实新发展格局要求、推动高质量发展，充分发挥万宁自然资源和斑兰叶产业优势，以斑兰叶全产业链为重点，切实做好延伸产业链长度、补齐产业链短板、强化产业链优势，助力万宁斑兰叶产业高质量发展。中国热科院香饮所先后在万宁4个乡镇设立乡村振兴服务点，派科技特派员开展标准化示范基地建设、技术指导培训等技术推广与应用服务。结合专家顾问团、乡村振兴服务点，与万宁多镇形成强效联动，服务地方产业转型升级、助力农民就业增收，助力乡村振兴。

三、主要成效

一是斑兰叶产业规模快速扩大。万宁市具有发展斑兰叶难以替代的区域气候优势，斑兰叶为典型热带多年生草本植物，适宜在年均气温超过 24℃、无霜冻的气候区域种植，环境适应能力强，对土地要求不高，种植技术门槛低，种植、采收等生产环节操作简单易掌握，种植成本和劳动力投入都较小。全国斑兰叶种植面积约3万亩，而海南种植面积约2.5万亩，其中万宁种植面积约为0.5万亩，万宁是目前全海南省种植斑兰叶面积最大的市县，也是全国种植斑兰叶面积最大的市县。斑兰叶种苗种植1次，可以连续采收10～15年，每年采收6～8次，每亩平均产量约为2 000千克。林下发展斑兰叶，在增加土地产出的同时，破解了"三棵树"林下资源闲置、非生产周期长和价格波动导致收入不稳定的难题，还丰富了农林生态系统，减少有毒有害农田投入品的使用，改善了土壤质量和生态环境质量。

二是当地农民收入大幅度提高。目前，采取"公司＋村集体＋农户"发展模式，联农带农合作发展斑兰叶产业，联结带动务工农户77户，脱贫户或监测对象27户，项目预计3年累计产生收益分红1 200万元，灵活用工人数不少于1 019人次/天。在万宁南桥镇桥边村、北大镇北大村、兴隆华侨农场，结合海南兴科热带作物工程技术有限公司斑兰叶加工厂，推广种植斑兰叶2 200亩，带动每亩年增收6 000元以上，实现亩均产量达1 500千克以上，增加种植、收割、加工、销售等从业人员400多人。

现代化技术支撑五指山农业产业高质量发展

一、基本概况

为了贯彻落实海南省农业农村厅和海南省乡村振兴局的有关精神，中国热带农业科学院海口实验站（以下简称"中国热科院海口站"）积极响应中国热科院的号召，整合优势资源，推进科技支撑海南县域经济的"一所对一县"行动计划，用技术力量支撑地方农业高质量发展。通过与五指山市的合作，利用中国热科院海口站和相关院所的科研技术能力，发展特色热带果蔬，提升当地茶叶产业、天然橡胶产业的科技水平，助力乡村振兴。

五指山市位于海南省中部山区，地处典型的热带季风气候区，年均气温在22～25℃，降水充沛，气候温暖湿润，非常适合茶叶、热带果蔬、天然橡胶等热带作物的种植。2022年，五指山市茶叶种植面积达0.98万亩，橡胶及热带果蔬等热带作物种植面积约35万亩，涉及万余户农户。尽管拥有得天独厚的自然资源优势，但当地热带农业产业在发展过程中仍存在一些问题，包括农业基础设施薄弱、农村劳动力受教育水平偏低、农业产业组织化集成度不高、农业科技支撑不足等问题，制约了茶、热带果蔬和天然橡胶产业的发展和品牌提升。

面对以上问题，五指山市迫切需要加强农业基础设施建设，提升农民的科技素养和应用能力，增加科技项目的资金投入。具体需求包括改良种植技术、病虫害防治技术、农业机械化水平提升以及农产品深加工技术等。

针对当地农业产业的现状和实际需求，中国热科院海口站通过构建"政府+科研+产业"的深度融合机制，依托"一所对一县"行动，海南省重点科技项目和五指山市科技项目，推动当地特色产业发展。近五年，中国热科院海口站围绕科技支撑当地特色农业产业发展，开展了系统性、深入性的工作，以科技赋能当地大叶茶、热带果蔬、天然橡胶等产业，农业生产效率和农民收入明显提升。此外，通过多次科技培训和现场指导，当地农民的科技素养显著提高，为乡村振兴奠定了坚实基础。

二、做法举措

一是因地制宜科学规划当地特色产业发展。五指山四季如春、气候湿润，拥有丰富的热带资源，适宜种植多种热带作物。五指山市的地形地貌以山地丘陵为主，山地面积占总面积的90%以上。历史上，五指山市以天然橡胶、茶叶和热带果蔬为主要产业。五指山市农业生产方式相对传统，基础设施薄弱，导致农业生产效率低下，农民收入较低。多年来，五指山市在农业发展上面临诸多挑战。首先，由于交通不便，农产品的运输成本较高，影响市场竞争力。其次，农民的科技素养和接受新技术的能力参差不齐，缺乏系统的农业技术培训，导致新技术推广难度加大。此外，资金投入不足也限制了一些科技项目的实施和推广，财政拨款难以满足科技项目全面推广的需要。中国热科院海口站专家团队多批次开展全方位的深入调研、摸底调查，找准产业发展的痛点、难点，找到科技帮扶的切入点。海口站执笔《昌化江河谷（五指山）热带雨林花果走廊产业规划（2022—2026）》，协助市科工信局以市政府名义提交了海南省揭榜挂帅项目——五指山热带雨林花果走廊关键技术研究与示范（650万元）。五指山市因地制宜规划种植名特优果树、特色花卉产业，巩固提升现有热带果树及花卉产业，与世界同纬度热带优异水果、花卉发展相衔接，推动五指山市热带果树、花卉产业及一二三产业融合发展。

二是现代化农业科技赋能产业腾飞。为提高五指山市茶产业科技含量，解决五指山市茶叶种植中存在的现实问题。首先，中国热科院海口站结合五指山市科技项目"五指山水满乡有机茶生态栽培关键技术研发与应用"，采用高品质液体有机肥料筛选与施用技术，通过对不同肥料及施肥量的对比试验，筛选出适用于有机茶园生产管理的优质肥料，从而提高茶园的产量和品质，确保生态安全。其次，研究茶园生草覆盖技术，筛选出适用于有机茶园的牧草品种或覆盖技术，以解决杂草疯长和劳动力成本高的问题。最为关键的是，建设物联网智慧茶园，通过智能监控实现茶园的高效管理，提高茶叶生产的科技含量和管理水平。这一系列举措使得五指山市的茶产业生产效率显著提升，茶叶品质得到提高，茶园管理更加科学和智能化。

三是专家下乡将技术红利带到田间地头。近年来，中国热科院海口站30位科研人员被五指山市聘为生态科技特派员，其中2022年有6位获五指山市优秀生态科技特派员，其中周兆禧副研究员连续两年被五指山市聘为市优秀生态科技特派员。近三年，中国热科院海口站和各科研单位承接五指山市级科技项目12项，经费500余万元，其中市级重点研发项目4项、科技特派员项目8项。中国热科院海口站多次派出专家团队前往番阳镇、毛阳镇、毛道乡等地，提供现场技术指导。邀请农业专家为茶农讲解有关茶叶种植、管理和病虫害防治等方面的知识。同时，专家团队还深入茶园进行现场技术指导，手把手教农民，让他们尽快掌握先进的种植技术和管理方法，提高他们的生产技能，并为当地农民提供了有关寒冷低温天气减害措施和病虫害防控技术的指导。以实际行动将科研成果带到农业种植前线，将技术红利留在田间地头。

四是建立示范基地推动先进成果转化。中国热科院海口站通过专家团技术指导建设毛道乡山竹示范基地210亩、通什镇嘉宝果示范基地150亩、通什镇无花果示范基地150亩、畅好乡和南圣镇高山蔬菜示范基地1 000亩、通什镇和水满乡五指山大叶茶示范基地300亩，形成一批可复制、可推广的科技成果转化模式。通过示范带动作用，推广先进的种植技术和管理模式。

示范基地不仅是科技创新的试验田，也是农户学习和交流的场所。示范基地提高了整个区域热带果蔬、茶叶和天然橡胶生产的科技水平。通过总结和推广示范基地的成功经验，形成典型案例，向全市乃至全省推广。通过典型案例的示范效应，带动更多农户和企业参与到农业产业的发展中来，提升了整个行业的科技水平和竞争力。

三、主要成效

一是提升农业生产效率。通过实施高品质有机肥料和生草覆盖技术，五指山市茶园的土壤肥力显著提升，茶叶的产量每亩增加了25千克，茶叶风味和品质均有明显提高。茶叶的茶多酚含量、游离氨基酸含量、咖啡碱含量等关键指标均达到或超过国家标准，五指山红茶的市场竞争力得到大幅增强。

二是增加农民收入。中国热科院海口站的科技服务直接促进了农民收入的增加。在五指山市，通过"五指山水满乡有机茶生态栽培关键技术研发与应用"项目，农民的收入有了显著提升，茶叶种植户平均纯收入增加了4 850元/亩，茶园总产值增加了5 000元/亩。此外，茶叶全产业链建设方案的实施，使得当地茶产业的附加值大幅提高。

三是提升农业科技素养。通过多次科技培训和现场指导，中国热科院海口站显著提升了当地农民的科技素养。在五指山市，中国热科院海口站组织了十几场科技培训，内容涵盖种植技术、病虫害防治、农业机械化等方面，累计培训农户1 000多人次。通过这些培训，当地农民应用新技术的能力得到增强，农业生产效率和农产品质量也相应得到显著提高，从而推动了农业的高质量发展。

四是数字化建设支撑农业发展。物联网技术的引入和推广，使五指山市茶园的管理水平显著提升。通过安装多功能传感器和智能监控设备，实现了对茶园环境参数的实时监测和数据分析。茶农可以根据监测数据，科学制定施肥、灌溉和病虫害管理方案，避免了盲目管理和资源浪费。智慧茶园的建设不仅提高了茶叶的生产效率和品质，还大幅减少了人工成本和管理难度，为茶农带来了显著的经济效益。

通过一系列科技创新与推广措施，五指山市茶产业实现了产量与品质的显著提升，茶园生态环境也得到了改善。通过对热带果蔬和橡胶产业的科技支撑，助力传统农业高质量发展，农业可持续发展取得了明显成效。中国热科院海口站的科技助农行动不仅为五指山市的农业发展提供了成功经验，也为全国其他热带农作物种植区的科技扶贫工作提供了有益借鉴。

党建"长期结对帮扶"促海南拥处村乡村振兴

一、基本概况

为贯彻落实党中央关于实施乡村振兴战略的重大决策部署，中国热科院自2015年起定点精准扶贫白沙县青松乡拥处村，按照"橡胶保收、山兰增收、益智创收"的发展思路，使该村成功摘下贫困村的帽子。在中国热科院品资所党委的指导与支持下，基于前期引进良种支撑益智产业帮扶的良好基础，中国热科院品资所南药研究中心党支部——这支以南药种质资源收集保存、鉴定评价和创新利用为主责主业的农业科研党支部，于2019年接过乡村振兴的"接力棒"，对拥处村党支部开始了"长期结对帮扶"工作。

拥处村是海南典型的黎族村落，地处海南省中西部山区，坐落在霸王岭东部山区和仙婆岭交汇处，距白沙县城54千米。拥处村委会下辖4个自然村7个村小组，共350户1 422人，村民全部为黎族。其中，一般户158户649人，脱贫户192户773人，未消除风险监测户7户28人，低保户37户83人（含脱贫户24户57人），特困户11户11人，残疾人53人。全村耕地面积6 060亩，橡胶种植面积7 304亩，山兰稻种植面积1 457亩，林下益智种植面积4 922亩，基本形成了"橡胶保收、山兰增收、益智创收"的产业局面。但村内的经济支柱主要依赖橡胶、山兰和益智这三大农业产业，其收益极易受到市场供需变化、气候条件、病虫害等因素的影响，从而导致村民的收入不稳定。因此，推动产业结构多元化、提高农产品附加值、增强农村经济的抗风险能力、实现可持续发展势在必行。此外，返乡大学生工作技能和工资收入亟待提高，因缺乏职业技能、父母无人照顾、主观思想等原因造成"留守青年"内生动力不足，村"两委"班子年龄偏大、知识文化水平有限等因素制约了拥处村乡村振兴事业的发展。

二、做法举措

习近平总书记强调，要"锚定建设农业强国目标，把推进乡村全面振兴作为新时代新征程'三农'工作的总抓手""有力有效推进乡村全面振兴，以加快农业农村现代化更好推进中国式现代化建设"。自2018年以来，连续7年的中央一号文件，强调要强化农业科技支撑，提高农业生产效率，要精准务实培育乡村产业，实施农民增收促进行动，要加强党对"三农"工作的全面领导，实现乡村产业振兴、乡村人才振兴、乡村文化振兴、乡村生态振兴、乡村组织振兴。以上政策为两个基层党支部的"长期结对帮扶"指明了方向和目标。中国热科院品资所党委深入贯彻落实党中央关于全面推进乡村振兴的决策部署，实践探索"一主体、四联系"党建工作机制，指导中国热科院品资所南药研究中心党支部与海南白沙县拥处村党支部签订协议，以"长期结对帮扶"的形式，落实"支部联系基层"，强党建促乡村振兴，致力将基层党组织的政治功能、组织功能及农业科研单位的科技优势，充分转化为助推乡村振兴的强大动能（图1和图2）。

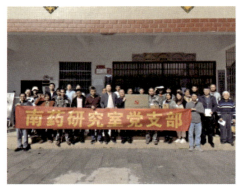 

图1 与拥处村党支部签订"长期结对帮扶"协议并挂牌

图2 联合开展"学习党的二十大精神，奋进新征程"暨乡村振兴 能力提升主题党日活动

三、主要成效

在中国热科院品资所党委等各级党组织的支持下，在中国热科院品资所南药与健康研究中心党支部、历届驻村第一书记以及村干部的共同努力下，2020年拥处村获"海南省科技扶贫示范村"称号，2023年居民人均可支配收入达20 231.4元。此外，拥处村2023年12月先后获得海南省"和美乡村"和白沙县第二届"文明村镇"荣誉称号；2024年7月，拥处村获得第三批"海南少数民族特色村寨"荣誉称号。坚持党建引领、汇聚发展力量，绿水青山间的和谐生活与农业科技的巧妙融合，让拥处村焕发新生，成为宜居、宜业、宜游的美好家园。

南药与健康研究中心因科技创新和帮扶工作多年成绩显著，南药研究中心党支部连续获中国热科院品资所"2020—2021年度先进基层党组织""2021—2022年度先进基层党组织"，2020年获得海南省直机关首批"标准化党支部示范点"称号，2021年获得海南省直机关"2020—2021年度先进基层党组织"称号。

科技支撑海南林下养鸡产业高质量发展

一、基本概况

海南省是我国最大的热带地区，四面环海，气候宜人，具有得天独厚的天然屏障，发展畜牧业区域优势明显。2002年海南全省被列入无规定动物疫病区建设，2009年通过评估，海南成为我国第一个无疫区，是海南省乃至全国畜牧业发展史上的重要里程碑。海南省现有各类林地211万公顷，其中适合发展林下养殖的林地1 000万亩，包括橡胶林地353万亩、槟榔140万亩、芒果70万亩、椰子57.8万亩、荔枝31万亩、龙眼17万亩，其他300多万亩，因此发展林下养殖空间巨大。2013年海南省政府印发《关于大力发展林下经济促进农民增收的实施意见》；时隔11年，2024年海南省政府印发《海南省林下经济高质量发展规划（2024—2030年)》，提出到2030年，全省林下经济面积达500万亩，年产值达280亿元，为建设国家生态文明试验区和推动乡村振兴提供有力支撑。因此，在不破坏生态环境的前提下，因地制宜发展林下养殖产业，对于加快当地畜牧业高质量发展和推进乡村全面振兴具有重要意义。自2012年开始，中国热科院在海南省儋州市围绕科技支撑林下养鸡产业发展，从鸡品种资源挖掘、评价、保护、选育扩繁、林下养殖示范等方面开展深入系统的研究工作，促进当地地方鸡产业"从无到有、从小到大"的跨越式发展，选优提纯的儋州鸡成为海南省第二个国家级地方鸡种，同时儋州鸡已经成为当地农民增产增收的主导产业之一。

二、做法举措

一是林下养殖品种选育支撑。从林下养殖成果经验总结、畜禽品种特性分析及生态环境保护等角度考虑，林下养鸡为首选。林下养鸡是发展林下经济和实现农业农村经济发展的有效途径之一，是指在不破坏生态环境的前提下，更大限度地利用土地，实现"林-鸡"互补的一种循环养殖方式。儋州市现有林地面积350多万亩，以橡胶种植为主，同时也是当地主要收入来源。近十年，由于橡胶价格低迷，严重影响了当地农民的收入来源。因此，如何利用现有林地发展林下经济，实现农民增产增收是当地政府一直探索的主要课题和任务。为此，2012年中国热科院专家从品种入手，深入当地黎族、苗族等地区，耗时近一年挖掘收集了当地散养的一种小型鸡，该品种适应性广、抗逆性强、肉质鲜嫩、机警敏捷，非常适合林地养殖。通过提纯复壮和系统选育，2014年将该小型鸡命名为儋州鸡，并获得国家工商总局地理标志商标，2018年列入《海南省畜禽遗传资源保护名录》；2023年中国热科院主持儋州鸡通过国家畜禽遗传资源委员会鉴定，并被列入《国家畜禽遗传资源品种名录》。2019年将儋州鸡被评定为儋州市特色扶贫农产品，2021—2024年连续4年将儋州鸡列入儋州市政府工作报告，2024年儋州鸡被列入海南省农业主导品种，并提出大力发展儋州鸡林下养殖产业。中国热科院作为儋州鸡品种供应、技术支撑和人才培训单位，帮助儋州市做好儋州鸡产业发展规划，确立最适优先发展区域，提出打造儋州鸡产业强镇等发展策略，开启了儋州市林下养鸡产业发展的新局面（图1）。

图1 林下养殖儋州鸡

二是林下养殖技术支撑。为了落实中国热科院与儋州市合作精神，助推当地农业产业发展和农民的增产增收，针对儋州市的科技需求，中国热科院整合全院相关科技力量，为儋州鸡产业发展提供强有力的科技支撑。科研团队通过对养殖前后林下灌木、草本、枯落物的变化，土壤理化性质的变化及经济效益的对比分析，确定养殖密度以900只/公顷为宜，既可获得可观的综合经济收益，又能控制水土流失量。同时，科研团队制定了企业标准《儋州鸡林下养殖技术规程》。通过整合宏基因组、代谢组和表型分析阐释了不同蛋白和能量水平的日粮对鸡体肝脏和肌肉脂肪酸谱的影响，确定了儋州鸡育肥阶段适宜的日粮能量蛋白水平为代谢能12.50兆焦/千克，基于此，开发出儋州鸡专用发酵饲料。在减抗替抗研究方面，发现在日粮中添加200毫克/千克的假蒟提取物，可以提高雏鸡肠道黏膜的屏障功能和肠道抗炎能力。2018年儋州鸡获得海南省农产品品牌创建大赛二等奖；2019年儋州鸡养殖基地获得海南省儋州鸡标准化养殖示范区，2021年获得国家林下经济儋州鸡养殖示范基地，2024年被评定为全国农产品质量安全良好追溯检测试点（图2）。成果技术的高效转化与应用有效支撑了儋州鸡林下养殖产业的可持续健康发展。

三是模式深度创新。历经十多年的不懈探索，中国热科院构建了以挂职

图2 儋州鸡品牌认定情况

干部为纽带、当地政府为主导、繁育基地和创新团队为支撑、企业或合作社为平台的"政府+科技+企业（合作社）+农民"的"儋州鸡发展模式"，以"市场带龙头，龙头带企业，企业连农户"的办法，实行订单生产、统一原料供应、统一技术服务、统一质量标准、统一品牌销售、统一资金结算，实行品种繁育、商品鸡生产、销售一体化经营。将儋州鸡繁育基地建在热科院儋州院区，主要技术骨干常驻基地开展试验和技术指导，并先后派驻多名骨干人员赴儋州市农业农村局挂职，参与当地政府部门决策，协助做好规划落实，架起专家与农业龙头企业、合作社、农户的桥梁。先后培训基层农技人员和养殖户2 000多人次，为当地源源不断地培养了拥有新观念、掌握新技术的高素质农民。在该模式的推动下，已逐步实现了各经营主体之间的共赢，有力促进和推动了儋州鸡产业的腾飞。

三、主要成效

一是儋州鸡产业规模不断扩大。据调查，儋州鸡有1 000年以上的养殖历史，最早记载可见唐朝李德裕《谪岭南道中作》诗："五月畲田收火米，三更津吏报潮鸡"，明朝杨慎《艺林伐山》及民国二十五年《儋县志》都有相关"石鸡型特小，一名潮鸡，潮长则鸣，其声长而清，有如吹角"的记载。《儋州市志》（1991—2010）记载当地土种鸡体型小、饲养周期长，农户平均养5～6只，多的养十几只，是当地偏远山区重要的生活物资来源。1990年儋州鸡存栏约50万只，2001年约15万只，2006年约5万只，2012年约1万只。在中国热科院的推动下，儋州鸡从1万只发展至儋州市种鸡存栏量近8万只（第三次全国畜禽遗传资源调查统计），商品鸡年出栏量300万只。林下养殖儋州鸡已辐射到琼中、白沙、昌江等市县，对当地农民增产增收及乡村振兴建设起到了重要推动作用。

二是儋州鸡林下养殖技术支撑和效益水平显著提升。根据外貌特征和经济类型将儋州鸡分为麻羽、黑羽、隐性白羽三个品系，以麻羽（M♂）或黑羽（H♂）作为第一父本，用隐性白羽（YB♀）作母本，生产F1代，F1代公鸡作为商品鸡上市，F1代母鸡与麻羽或黑羽杂交生产原种优质配套系商品代鸡。既有效防止了儋州鸡纯种外流，又保持了儋州鸡优良的肉质特性（图3）。通过12个世代纯繁选育，儋州鸡公鸡体重由收集时的1.3千克提升至1.6千克，母鸡体重由1.0千克提升至1.35千克，群体体重整齐度达到70%以上，毛色整齐度达到85%以上。2017年，制定发布地方标准《儋州鸡饲养管理技术规程》，2023年儋州鸡获得儋州市地理标志产品，2024年制定《儋州鸡》品种标准，建成1个省级保种场、23个儋州鸡林下养殖标准化示范基地。儋州鸡作为优质的地方鸡种，客户群体稳定，受市场波动影响较小，年度总产值5亿元以上。由儋州鸡开发的盐焗鸡、椰子鸡、黄皮鸡等产品，远销北上广深等一线城市，并已发展成为海南省地方特色产业。

图3　儋州鸡种苗繁育基地

科技支撑海南岛黑山羊产业高质量发展

一、基本概况

黑山羊是海南优良山羊品种，具有耐高温、耐粗饲、抗病能力强等特点，但受品种、环境、饲料以及代谢等因素影响，其生长缓慢、育肥难等问题一直没有得到良好改善。

在黑山羊粗饲料方面，岛内牧草品种单一，主要以王草为主，并且具有夏季旺盛、冬季短缺的特点。海南属热带岛屿性气候特点，由于降水频繁、空气湿度大，难以制备干草，导致冬季存在严重的饲料短缺情况；又由于王草经济价值较低，种植面积连年降低。截至2024年6月，王草规模化种植面积已大幅减少，这进一步制约了黑山羊产业的发展。另外，随着自由贸易港建设、城市化进程加剧，传统山羊养殖地区，如海口、万宁、澄迈等地的放牧区域面积受到压缩，导致小农户散养也备受压力，面临严重的饲料短缺问题。

在可饲料化资源方面，海南岛农作物种类丰富，副产物资源总产量相对较多，但存在季节性明显、单一资源产量不足、部分营养品质偏低、部分难以保存等问题，在综合利用方面阻碍较大。在粗饲料加工技术方面，传统青贮发酵技术对副产物资源利用效果有限，发酵品质不稳定，发酵保存技术需要深入探索。

在黑山羊养殖方面，地方品种的黑山羊生长缓慢，育肥周期长，经济价值相对偏低。同时，海南黑山羊品牌建设处于初级阶段，并不能通过品牌效应和高品质畜产品来提升综合价值，整个海南黑山羊产业一直以来从饲料、养殖、产品等环节均存在较为突出的技术问题，并面临可持续发展的困境。

二、做法举措

一是聚焦可饲料化资源，填补粗饲料空缺。海南植物种类资源丰富，但种植规模均无法满足家畜消耗，充分利用副产物和废弃物资源是缓解粗饲料短缺的有效方法。近年来，中国热科院畜牧研究团队先后评价了岛内可饲料化资源，包括副产物、农林废弃物等资源40多种，从分布、产量、营养成分到消化率等，进行了详细的调研和分析，为产品开发做好扎实的技术储备。另外，由于海南气温高空气湿度大，无法制备干草，在黑山羊养殖上存在冬季饲料短缺的困境。因此，青贮发酵保存技术是缓解这一情况的有效手段。畜牧研究团队自2018年起启动发酵全混合日粮（FTMR）研发技术，从资源筛选、原料配方、发酵技术、保存技术到饲养技术，全方位、多线路开展研发工作，2020年初第一款雏形产品在海南儋州发布，得到了广泛的社会关注。在此款产品的基础上，团队积极调研海南各大养殖场（户）在饲料方面所存在的主要问题、技术需求，切实贴近产业，开始优化产品，秉承边开发、边试验、边改进的主要思路，针对黑山羊不同的饲养阶段，开发配套FTMR产品和营养饲喂方案。与此同时，大型养殖场推动建立自己的加工设备和工厂，聚焦解决加工技术问题，撰写了加工FTMR加工技术标准，让养殖场可以自己完成加工。在发酵技术方面，由于南方地区很多可饲料化资源季节性明显，需要针对不同原料开发配套发酵技术和促发酵剂产品。畜牧研究团队聚焦南方地区，探索多资源混合发酵技术，开发了具有稳定性好、发酵品质优良的菌酶混合发酵剂产品。此外，根据产业需求，畜牧研究团队也研制出了配合饲料产品，用于改善黑山羊营养水平（图1和图2）。

图1 发酵全日粮产品生产车间

图2 促发酵剂和配合饲料产品

二是高质量发展特色产业，探索并建立联动助农模式。海南地区，黑山羊养殖主要以散养为主，但随着放牧土地面积的缩减，粗饲料作物产量降低，造成农户放牧压力大。散养户没有任何养殖、繁育技术，养殖潜在风险较高。另外，放牧对环境也造成了不良影响，为解决小养殖户的实际需求，让小养殖户通过科学技术手段来提升养殖效率、增加收入，畜牧研究团队经过近两年的实际调研和环岛走访，基本摸清了海南省黑山羊养殖分布，并绘制了山羊养殖地图，发现单纯提升养殖户技术水平和学习基础知识是不能改善农户增收问题的，动物养殖过程较为复杂，相关技术多，特别是繁育技术，而农户应对突发情况的能力有限。为此，畜牧研究团队建立了一套以大型养殖场带动区域内农户的助农模式。首先，提高大型养殖场繁育和饲养技术，切实解决粗饲料问题。其次，让大型养殖场空出专门的圈舍给周边农户用于繁育黑山羊，农户将适龄繁育母羊送至养殖场集中配种、分娩，分娩后，如在牧草旺季或者农户有自己的放牧区域，可带回自己养殖，如果在冬季饲料短缺、环境寒冷时，则由养殖场统一饲喂，待育成中后期由农户自己带回饲养，其产生的费用先由养殖场垫付，等农户将黑山羊养至出栏阶段，可以由养殖场扣除饲喂成本后再回购（图3）。

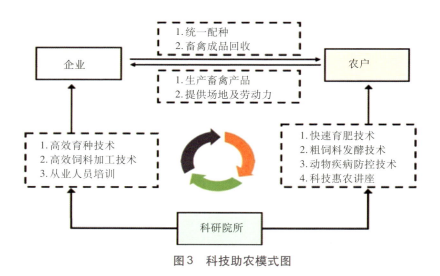

图3　科技助农模式图

三是全面提升养殖效率，加速品牌建设。海南黑山羊由于是地方品种，养殖效率较低，通常情况下日增重仅为50克左右，农户放牧养殖，日增重在30克左右。因此农户一旦购买饲料喂养，基本无法收回成本。针对这一现状，畜牧研究团队认为要加大品牌建设。海南黑山羊肉质鲜美，是海南省四大名菜之一，推动品牌建设、打造自贸港特色肉制品是提升产品价值的有效手段。聚焦南药资源，热带植物活性提取物如裸花紫珠、高良姜、益智、假蒟等资源；探究提升肉品质的饲养技术，同时通过"企业＋研究单位＋专卖店＋品牌"的联动模式提升海南黑山羊的知名度和市场价值。

四是技术科普，积极宣传。新技术和模式在推广过程中面临多重阻碍，通过现场培训、技术指导、手册发放和回访等措施，可以有效提升养殖户的技术水平。在宣传方面，对成效显著的养殖户进行媒体宣传，扩大影响力，带动周边农户更新养殖技术来提升养殖户收入。

三、主要成效

一是扩大可利用资源，全面覆盖发酵全日粮技术，扩大养殖规模，显著降低饲养成本。畜牧中心饲料营养团队编写了《海南岛可饲料化综合利用技术》专著，为可饲料化资源利用提供技术指引。在发酵全日粮方面，针对育成期、育肥期、妊娠期开发不同产品，并推广应用，大大缓解了海南省冬季粗饲料短缺的情况。同时，在海南博泰农业开发有限公司建立了海南省最大的发酵全日粮中转配送站，不仅全面覆盖大型养殖场，还配送给周边养殖户，有效带动区域内养殖业发展。发酵全日粮相关技术成果获得了海南省2023年度主推技术1项，2024年度海南省优秀农业科技成果1项，并得到多家媒体广泛报道（图4和图5）。

图4　发酵全日粮覆盖肥羊养殖　　　　图5　海南博泰农业发酵全日粮中转配送站

二是提高企业技术水平，加速品牌建设，提升养殖场（户）收入。通过与黑山羊大型养殖企业开展联合攻关，为企业建立了一套完善的生产流程和助农方案，从原料回收、全日粮加工、发酵储存，再到精准饲喂，降低了综合养殖成本。在助农方面，通过帮助农户配种繁育、寄养、配送等，显著提升了部分农户的综合收入，相关成效获得了海南省2023年十大助农典型，并得到了社会的广泛关注。

三是创建可复制模式，多技术覆盖我国南方多地区，助力地方产业发展。不仅聚焦海南地区，我国南方多地区，如云南、贵州、四川、广西、青海等地也面临类似问题，畜牧研究团队也积极将成果向其他区域推广应用，特别是促发酵剂技术，在贵州、四川、云南等地广泛中试，目前也取得了良好效果。畜牧研究团队进一步完善了从饲料加工到饲养的标准化技术方案，旨在最终形成一套易复制推广的技术，聚焦部分地区切实需求，助力地方产业发展。

科技支撑海南蜜蜂产业高质量发展

一、基本概况

海南蜜蜂饲养多为家庭副业或业余爱好，缺乏技术服务体系，且由于饲养规模小、产品单一、群众消费意愿不高、经济效益低、蜂产品科普知识缺乏等多种因素制约了海南省蜜蜂产业的健康、可持续发展。因此，因地制宜发展特色蜜蜂产业，在满足当地群众生活需要、促进农业绿色发展、提高农作物产量、维护生态平衡、助力乡村振兴等方面发挥着重要作用。自2011年，中国热科院环植所蜜蜂与传粉昆虫团队在海南各市县围绕产业需求和瓶颈问题开展了深入系统的工作，创建蜜蜂研发团队和特种经济动物饲养（蚕蜂）院重点学科，创新集成蜜蜂产业健康养殖关键技术，率先在《人民日报》上提出"让蜜蜂下地干活"新理念，在人才培养、科技成果应用示范、技术培训和咨询服务等方面取得了显著成效，对发展我国热带蜜蜂高效养殖与作物授粉提质增效、科技科普教育方面做出了重要贡献。

二、做法举措

一是构建服务体系。海南省森林覆盖率高，温度适宜，降水充沛，蜜粉源植物丰富，适合海南中华蜜蜂栖息繁殖。中国热科院环植所蜜蜂与传粉昆虫团队依托国家蜂产业技术体系平台，建立产业关键技术试验示范体系，并组织创建了海南省蜂业学会，指导文昌市、琼中县、五指山市、昌江县、儋州市和白沙县6个市县成立蜂业协会，构成全省蜜蜂产业科技服务体系。面对台风袭击、农药中毒和新冠疫情等应急事件，结合现场勘察，团队在第一时间提出自救措施及建议，并立即向农业农村部和海南省农业农村厅主管部门汇报，依托体系平台和学会团体组织指导蜂农恢复生产，为全省蜂业顺利开展灾后自救工作提供了强有力的技术支持。

二是支撑科技创新。为助推全省蜜蜂产业发展和农民脱贫增收，中国热科院蜜蜂与传粉昆虫团队针对蜜蜂产业发展的瓶颈问题，整合体系专家和学会团体相关科技力量，为海南蜜蜂产业发展提供强有力的科技支撑。蜜蜂科学养殖创新。创建一批试验示范基地，创新集成蜜蜂产业健康养殖关键技术。先后在海口市、屯昌县、琼中县、儋州市、临高县、昌江县、三亚市等地，建立15个试验示范基地，创新集成示范蜜蜂活框饲养、规模化养殖、成熟蜜生产和蜜蜂授粉4个蜜蜂产业关键技术体系，示范中华蜜蜂多箱体浅继箱成熟蜜饲养技术，现场指导中华蜜蜂蜂场、蜂群基础管理和四季管理技术要点。突破蜜蜂授粉技术应用产业化瓶颈。提出"让蜜蜂下地干农活"新理念，创新集成中华蜜蜂为黑皮冬瓜授粉技术、蜜蜂为设施哈密瓜授粉技术、授粉蜂群繁育技术、常用农药对授粉蜂群毒性评价与预防中毒技术、蜂群高效运输和大棚蜂群灵巧搬运技术、蜜蜂授粉产业化技术等海南瓜菜蜜蜂授粉技术配套体系，形成"科研院所+学会+企业+村委会（合作社）+新闻媒体"的"五位一体"蜜蜂授粉技术推广新模式。智能养蜂技术推广。初步建立蜂业大数据平台，通过该平台蜂农可远程管理蜂群，从而降低成本、提升管理效率；消费者可实时监督生产过程，建立对蜂产品安全的信任；科技人员可对养蜂进行可视化诊断，并提供在线技术指导。改进蜂箱100个，引进种蜂100群，安装养蜂黑匣子、温湿度传感器20个，监控3台，小型气象站1台，大数据展示屏幕1个，温湿度调控系统1套，以此获取蜂箱内外部信息，发送至大数据中心处理分析，将结果通过大数据展示，再通过养蜂App调控，指导蜂农进行养蜂生产（图1）。"智慧养蜂技术"荣获国际发明特斯拉金奖，已在琼中县、儋州市、保亭县等地推广示范。在儋州大成镇建成中国农技协海南儋州科技小院，主要负责技术指导、新技术研发、技术培训和科普宣传等工作。

图1　琼中水朗村智慧蜂场

三是探索科普研学。科技不应只服务于农户，也应服务广大市民和学生。习近平总书记强调，科技创新、科学普及是实现创新发展的两翼，要把科学普及放在与科技创新同等重要的位置。从2018年起，设计"神奇的蜜蜂世界""蜜蜂之谜""蜜蜂标本制作"等科普课程，结合"世界蜜蜂日""全国科普日"等，依托海南省蜂业学会、海南无字教育管理服务有限公司，通过进科研单位、进中小学、进乡村、进企业、进公园、进社区、进大学、进热带雨林等"八进"，面向高校、中小学、家庭亲子、党员干部、社区群众等受众群体，通过线上线下等形式开展科普研学活动。依托中国热科院，以海口热带农业科技博览园为平台，以蜜蜂团队成员为园内自然导师，编制科普手册，常态化开展蜜蜂研学讲座。

三、主要成效

一是蜜蜂产业规模快速扩大。海南中华蜜蜂作为海南中部六市县的重要扶贫产业之一，2021年第三次全国畜禽遗传资源普查蜂群数量较第二次增加了一倍。海南已建设中华蜜蜂健康高效试验示范基地5个，完善高效智慧蜂场1个，建立蜜蜂授粉核心示范区，示范面积500亩，辐射1 000亩王品蜜瓜标准化种植示范基地，获得中国养蜂学会第一批授予的"蜜蜂授粉标准化基地"称号；创建中华蜜蜂为瓜类蔬菜授粉示范区17.35万亩，累计增加经济收益4 420万元；中华蜜蜂健康高效饲养技术示范蜂群数达7 060余群，带动蜂农2 035户，其中脱贫户501人。

二是蜜蜂产业技术水平得到提升。努力践行"两山"理论，发挥蜜蜂授粉"农业之翼"的重要作用，制定颁布地方标准1项、团体标准2项，牵头实施的"海南中华蜜蜂成熟蜜生产技术"入选海南省农业农村厅2022年主推技术。定期组织开展蜂业技术培训，编制《蜜蜂健康养殖与病虫害防治要点》宣传册，加强对基层农技人员、养蜂大户的指导服务。中国热科院团队中2人获海南省乡土人才称号，42人获得由人力资源社会保障部颁发的中华人民共和国中级养蜂工职业资格证书。扩大蜂业致富带头人队伍，为全省乡村振兴做出了积极贡献。

三是海南蜜蜂产业社会影响力快速提高。2018年首届"5·20世界蜜蜂日"中国主会场在海南省琼中县成功举办。让外界了解琼中，让琼中蜂蜜走出大山、走向全国，海南蜜蜂产业的社会影响力逐步扩大。立足服务全民，满足学生对蜜蜂探索的热情和求知欲，倡导农户生产成熟蜂蜜，建立起消费者对海南成熟蜜的信心。2020—2023年在海南省各市县乡镇、社区开展科普活动623场，形成"一蜂一世界""热带雨林自然教育之蜜蜂奥秘"等品牌课程，线下覆盖人数2.37万，线上普及人数累计27.38万人次（图2）。中国热科院建有中国农技协科普示范基地1个、蜜蜂科技小院1个、海南省蜜蜂科普馆2个。2023年，中国热科院和蜜蜂科普工作人员分别荣获中国养蜂学会首届"蜜蜂科普"先进集体特别奖和先进个人优秀奖。蜜蜂科普活动获人民日报、新华网等主流媒体及自媒体相关宣传报道94次。

图2　科普研学进院所

南海桑田"新丝路"

一、基本概况

蚕桑产业是丝绸之路文化的载体产业和扶贫优势产业，我国是世界上最大的蚕丝生产国。然而进入21世纪后，世界蚕桑产业中心已由温带地区向热带、亚热带地区转移。为维护我国蚕桑产业世界话语权和服务"一带一路"倡议，中国热科院桑蚕研究中心、国家蚕桑体系海口站，围绕热带地区蚕桑产业发展实际，开展理论技术创新研究与科技服务实践，充分发挥海南光热资源优势，推动热带蚕桑产业提质增效、转型升级，建立海南热带特色蚕桑产业多元发展体系，服务"一带一路"热区国家蚕桑产业发展。

二、做法举措

一是建立"四个一"工作法,深入桑园、蚕房,"知难而上"。创新建立"一辆车+每一个县+每一个镇+每一个村"的"四个一"服务"三农"工作法,确定海南蚕桑产业基础数据、资源储备。确定产业发展的"四大难题":桑青枯病、家蚕脓病是主要病害,不能本地繁育桑苗、蚕种,缺乏耐受高温高湿气候的蚕桑优良品种,产业单一,劳动产出比太高,比较效益低。分析总结热带地区蚕桑产业经济和产业运行模式3个,形成政府产业发展报告9份。调查、保存热带地区蚕桑种质资源164份,并建立种质资源库1个,从而填补了我国热带地区蚕桑种质资源收集保护的空白(图1)。

图1　实地调查分析问题

二是立桑为业、多元发展。通过科技攻关,研究、熟化和推广"五大产业技术"、4个品种、4套设备。热区标准化蚕房建设标准和管理技术搭配热区家蚕病虫害防治和登簇剂使用技术,促进省力化、集约化养蚕,防控热区蚕病发生,提高蚕茧产量的质量;热区桑树病虫害绿色防控技术搭配水肥药一体化管理技术，促进热区桑园宜机化、省力化管理升级；僵蚕饲育技术、桑黄栽培技术、抗菌肽生物反应器技术，促进蚕桑资源医药化、高值化发展；桑叶预制菜、桑枝叶微生物辅助青贮发酵技术、果桑破休眠、蚕桑资源食品加工技术，促进蚕桑资源食品化、饲料化产业建立；桑树矿山重金属生态修复技术、沿海岛礁沙地固沙防风技术，开拓桑树生态修复、保护应用领域（图2至图4）。

图2　热区标准蚕房

图3　蚕桑资源多元利用产品（一）

图4　蚕桑资源多元利用产品（二）

　　三是创新建立"五堂"新型培训模式和"1+2+3"科技服务渠道。"五堂"模式可以提高培训教学效率，摒弃枯燥的室内PPT和视频教学培训方式，开辟桑园课堂、蚕房课堂、榕树课堂、饮食课堂、戏台课堂等新型教学课堂，在桑园里、蚕房中、榕树下、农户家、村民广场，通过手把手现场操作、显微镜教学、视频教学、资料发送等，使培训班、现场会等科技服务气氛热烈、效果显著（图5）。

用心沟通，时刻服务。蚕桑科技团队开创多渠道沟通方式，真正做到与蚕农时刻保持联系。建立了"一平台、二公众号、三微信群"的多渠道沟通联络方式。"一平台"，即依托海南"农业110"体系建立的全省蚕桑病虫害监测、预报和预警平台；"二公众号"，即建立和维护"农医生"和"热带桑蚕研究中心"2个公众号；"三微信群"，即建立"蚕桑培训班"（学员互动）、"蚕桑之家"（生产技术指导）、"蚕桑宝"（生产工具和产业信息发布）等微信群。可24小时向各基地的蚕农技术人员进行询问，提供技术支持（图6）。

图5　在桑园服务

图6　与蚕农同心协力解决生产问题

三、主要成效

一是科技创新成果。引入人工饲料两种及相应的蚕品种两个，在儋州、琼中、万宁进行试点饲育，制定热带人工饲料育技术规程两个，拥有了基本的热区家蚕人工饲料育设备、人员和技术体系。研究生产了蚕桑资源多元利用产品14个，其中健康食品9个、饮品3个、蚕丝利用产品2个。研究标准蚕房等新设备4套。研制LAMP-桑青枯病检测试剂盒2个；研究栽培桑枝菇3个，建立桑枝菇示范基地2个。引入、驯化、选育优良桑树品种11个，选育获批"嘉陵6号"桑树新品种1个，择优选择粤桑120、抗青10、抗青

283、桂桑优12、桂桑优62进行示范推广。引入、驯化家蚕品种14个,择优选择桂蚕5号、华康3号、钟晔·苏豪、箐松·皓月、苏优3号进行示范推广。研究热带地区桑树立体扦插快繁育苗技术、桑青枯病绿色防控技术、桑树—槟榔间作技术等应用技术11个。桑蚕研究中心荣获中国热科院科学技术奖一等奖(科技服务奖)1项、中国植物保护学会技术推广奖三等奖1项;编撰蚕桑病虫害防控等实用技术手册3个,制作养蚕技术挂图2幅,出版专著2部,获批专利5件,制作《热区高效种桑养蚕技术》教学片1部,完成《海南桑树综合开发利用分析报告》等政策建议、调查报告9份,发表相关学术论文21篇。

二是科技服务。完成各类科技服务500余次,其中培训班16个、现场会138次、调研调查57次、技术咨询支持292次。发放亚迪系列蚕药,发放相关蚕病和蚕药挂图、技术手册等资料9万余份。受培训岗位人员29人次,培训农业技术人员130人次,培训种桑养蚕大户39户,培训农民3 067人次。技术支持4个省级贫困县脱贫。通过多渠道沟通平台发布风雨、病害等预警26次、产业信息36次,在相关平台传递图片、资料3 400余份,接收和解答技术问题850余次,从而及时有效防控风险,保障蚕农利益。

三是经济效益和社会效益。经济效益显著提高。优良蚕桑品种覆盖率达90%以上,高效种桑养蚕技术覆盖率达70%以上。2021年,海南省亩桑产叶量2 500千克/年,提高20%;亩桑产茧量150千克/年,提高15%;亩桑年收益4 500元左右,增收30%;小蚕共育室年生产商品化小蚕20批次以上;张种产茧量45千克,增加35%;蚕病暴发次数显著减少,死笼率降至5%以下;养蚕成本节约300元/张(种),减少损失200元/张(种);减少化学肥料施用3千克/亩,减少化学药剂施用1千克/亩。社会效益显著提升。实现建档立卡贫困户5 300余户脱贫,涉及贫困人口26 500人;截至2021年,琼中、临高2个国家贫困县摘帽,15个贫困村出列,全省贫困发生率降至2.2%。

打造三产融合样板，助推乡村振兴

一、基本概况

近年来，中国热带农业科学院广州实验站（以下简称"中国热科院广州站"）积极开展科技成果转化及示范推广工作，搜集筛选适合珠三角地区种植的优质特色作物品种，发展都市农业；依托国家木薯现代农业产业技术体系，建设木薯试验示范基地，推广木薯和甘薯优质品种；在江门建设检验检测中心和农业环境监测设施，服务江门及大湾区绿色农业发展。近两年，中国热科院广州站选派科技特派员深入广州、四会、河源、江门等地开展科技服务。

广东省虽然经济总量位居全国第一，但是区域发展不平衡、城乡发展不平衡的问题突出。为破解这一难题，从2023年起，广东省开始实施"百县千镇万村高质量发展工程"，虽已经取得了显著成效，但依旧没有改变农民不愿种地、资本不愿投资农业的境况，该问题的关键是农业通常前期投入高、回报低且回报周期长，仅靠传统初级农产品无法产生较大价值，部分地区甚至出现了耕地撂荒的风险。为保障粮食和重要农产品供给安全，夯实乡村振兴经济基础，急需改变传统农业的发展模式，探索出一条能够促进农业增产增收的道路。近年来，中国热科院广州站积极探索以热带特色作物为基础的"特色种植+特色加工+特色休闲服务"一二三产业融合发展模式，在科研单位的支撑下，企业不断增强发展信心，间接带动农民增收。

二、做法举措

一是发展特色种植，服务大农业。乡村振兴，产业是基础，而农业作为粮食、重要农产品以及原材料的供应端，又是基础中的基础。中国热科院广州站紧紧围绕都市农业科技创新和科技成果转化示范推广的主责主业，在花都、江门两地建设科技试验示范基地，其中国泰基地面积达110余亩，拥有8个种植大棚（其中一个为高标准现代设施大棚），聚焦"香料饮料、特色果蔬、热带花卉、粮食作物"，搜集引进500多种优质特色种质资源试种，联合企业开展组培育苗，进行现代绿色栽培技术集成应用试验示范。按照"科研＋基地＋企业＋农户"的合作模式，依托基地以及兄弟单位的品种、技术资源，积极服务农业企业和农户，开展农业技术培训，以及协助开展高素质农民培育。

近几年，中国热科院广州站承接科技特派员项目12项，深入广州、江门、河源、四会等地开展科技服务，主要推广优质特色作物品种和农业技术，助力解决产业发展难题（图1）。

图1　到河源开展科技服务

二是发展特色加工，延伸产业链。受市场供求影响，初级农产品价格波动较大，利润预期性差且总量有限，部分农产品对保鲜技术要求高，当农产品出现滞销后，农业企业和农户损失较大。为提高农产品附加值，中国热科院广州站支持广州当地食品加工企业，以特色初级农产品为原料，结合市场需求，对农产品进行深加工，开发兼具科学文化内涵的加工产品及具有辅助康养的药膳食品等。支持企业在国泰村建设中试产品加工厂以及中国热科院特色产品展销馆，带领企业积极参与各类展销活动，到北戴河、漳州等地考察加工项目选址，推动特色农产品及其加工产品走向市场（图2至图4）。

三是发展特色三产，丰富新业态。为配合实施广东省"百千万"工程，推动打造乡村振兴样板，中国热科院广州站在推进特色种植、特色农产品加工的基础上，在国泰村探索集观光、休闲、体验、康养、科普、培训和劳动教育等于一体的三产融合发展模式。设计编写"五感体验咖啡"和"一粒种子的旅行"等8门研学课程，积极承接广州市科普一日游、科普进校园等科普活动。依托国泰基地，与当地中小学校联合开展科普研学和劳动教育实践活动，提升学生学农、爱农、爱劳动意识，向师生讲述"一棵橡胶树""一群大学生""一个村庄"的故事，积极传递"无私奉献、艰苦奋斗、团结协作、勇于创新"的中国热科院精神。支持企业建设热科驿站、乡村餐厅、乡村剧场、热科南药创新应用中心、乡村民宿等一批新产业应用场景，支持企业发展乡村观光旅游、特色餐饮、休闲农业、健康疗养、短视频电商等新产业、新业态（图5至图7）。

图2　中国热科院特色产品展销馆

图3　冰激凌中试产品加工厂

图4　巧克力中试产品加工厂

图5　在热科剧场开展咖啡主题的研学活动

图6 在国泰科技示范基地开展可可主题研学活动

图7 花都区骏威小学教职工在国泰基地开展工会活动

三、主要成效

一是特色作物带动产业升级。经过近几年技术优化，可可、咖啡、香草兰等热带特色作物被多家企业种植，成为农业企业发展、农业观光旅游、科普研学的重要支撑。秋冬季菜园的高品质羽衣甘蓝供不应求，市场需求不断扩大，年亩产值超2万元。依托国家木薯产业体系，在开平建成木薯试验示范基地3个，面积200余亩；在广东建成连片示范基地5 000余亩，辐射带动面积10万亩以上，带动年均增收2 000元以上；建成800亩大田扩繁示范基地，实现40多个甘薯品种健康种苗的量产，年产高代脱毒试管苗50万株、脱毒大田苗4亿株（图8）。由于甘薯、木薯相对低廉的劳动力和农资投入，有效帮助多地解决了"撂荒田"问题，有力维护了粮食安全。

图8 在江门示范推广甘薯脱毒种苗

二是特色加工孕育市场潜力。支持企业以中国热科院培育的特色农产品为原料，开发出斑兰雪糕、香草兰茶叶、巧克力冰激凌、小青橘特饮、牛大力药膳包等热科特色中试加工产品。当前正在进一步谋划扩大投产，以"赛先生"（与science谐音）为品牌的热科特色食品即将走向市场。以岭南传统美食木薯糖水为突破口，助力企业研发木薯食品，技术支撑企业推出木薯糖水预制菜和碗装产品，并已于2023年投向市场。还结合乡村餐饮业，邀请星级餐厅厨师开发出香草兰窑鸡、斑兰糕点、上汤羽衣甘蓝、黄金木薯羹等一系列美味佳肴，为游客带来独特的味觉体验，"热科盛宴"逐渐成为国泰村的品牌餐饮（图9和图10）。

图9　文创雪糕　　　　　　　　　图10　香草兰窑鸡

　　三是新产业新业态方兴未艾。近几年，国泰基地科普研学活动日益丰富，参访人数快速增长，2023年科普研学活动达到65场次，同比增长50%。国泰村2023年获评"广州市科普特色村"。中国热科院广州站开发的科普课程和科普模式被推广至恒泰农业、绿沃川农业等当地多家农业龙头企业。国泰基地各类"新奇特"植物吸引众多游客和新媒体主播前来观光打卡，以热带都市农业体验园为核心的乡村游给国泰村带来了更多人气，也使乡村餐饮业、房屋租赁业等迎来新的发展机遇。短视频电商的发展进一步推动了国泰村及其特色农产品走进人们的视野。热科驿站、乡村剧场不定期举办文化、健康、家庭教育等各类讲座和研讨交流活动，国泰村逐步成为新产业新业态的孵化地（图11和图12）。

　　四是美丽乡村建设全面推进。在产业的带动下，国泰村美丽乡村建设不断取得各部门的支持。2021年中国热科院广州站协助国泰村成功争取到花都区"花漾年华"示范带建设工程项目，全村升级改造了1.5千米柏油路，美化沿路91栋农房外立面，全村实现垃圾分类处理；2022年、2023年支持国

图11　国泰村的热科乡村剧场

图12　热科农场会议室

泰村申报实施了共计约600万元的美丽乡村补助项目，进一步对国泰村村庄道路进行了改造升级，硬化机耕路约2千米，建设了村民小公园、1个公共厕所和1个停车场，为村民生活、游客来访提供了便利。2024年，在区、镇团委的支持下，国泰村实施了"农房风貌美化提升"项目，广州城市理工学院青年师生充分发挥学科优势，结合国泰村实际以及热带作物的产品特色，在热科驿站附近的普通农房墙面上绘上了特色文化彩绘，成了国泰村又一处打卡点（图13）。国泰村美丽乡村建设全面推进，村庄面貌焕然一新，2023年国泰村荣获"广州市美丽乡村"称号。

图13　文化彩绘

科技支撑广东省湛江市徐闻县高良姜产业高质量发展

　　徐闻县高良姜发展模式是党领导乡村产业振兴的一个缩影，是通过政府、企业、科研院所紧密合作成就"小作物"实现"大产业"的典型案例，也是中国热科院深入贯彻落实农业农村部关于"三农"工作决策部署、科技支撑地方产业、服务乡村振兴战略打造的亮点工程之一。

一、基本概况

　　高良姜是我国传统中药材，为《中华人民共和国药典》收录品种，是"十大广药"之一，在我国有1 000多年的使用历史；因其风味独特、功效显著，在食品调料、生物医药、保健、日化等领域有着广泛的应用。高良姜主要分布在我国的广东、海南、广西南部等热带、亚热带省份，云南及台湾亦人工引种栽培。广东省湛江市徐闻县的种植面积达60 000多亩，产量占全国90%以上，是我国高良姜的道地产区和主产区。2006年徐闻良姜被批准为国家地理标志保护产品，2013年入选"广东十件宝"。但长期以来，国内传统的高良姜产品以初加工的姜段、姜片为主，在调味料、中成药领域仅有少量加工利用，高良姜产业链条短，产业链各环节发展缓慢，现代化水平较低，产业整体上呈现效益低下、产业附加值不高、产业萎缩等不利局面。"十二五"以来，应地方政府的请求，中国热带农业科学院农产品加工研究所（以下简称"中国热科院加工所"）迅速集中科研力量成立了徐闻良姜产业化科技攻关团队，并与广东丰硒良姜有限公司联合成立了"高良姜科技创新中心"，聚焦高良姜种植采收、产地加工、精深加工等产业链关键薄弱环节，以科技特派员驻点帮扶、科研人员兼职等多种方式联合开展产业技术攻关，研发了一系列高良姜产业化技术、装备与标准，推动了徐闻良姜产业化技术的整体创新升级，提前实现了徐闻良姜全产业链的转型升级与产业融合发展。

二、做法举措

一是创新推广服务模式。中国热科院加工所积极整合科技特派员和专家团队力量，深入产业一线，在徐闻良姜产业的不同发展阶段，实施了挂点驻村式的实用型科技服务、驻企兼职式的产业化科技服务、挂牌入园式的集成化科技服务等系列精准服务推广模式。针对乡村零星技术需求，成立了8人的徐闻县龙塘高良姜驻镇、帮镇、扶村农村科技特派员团队，为高良姜种植、产地加工、包装运输等提供技术支持；针对企业的产业化技术需求，实施了驻点兼职的服务模式，中国热科院加工所委派1名科技骨干兼职企业技术总监，解决良姜加工技术在转化过程中所面临的技术修正维护问题，巩固了成果转化效果；针对产业园发展的集成技术需求，联合中国热带农业科学院农业机械研究所（以下简称"中国热科院农机所"）成立了10人的徐闻良姜现代农业产业园专家服务团队，围绕装备、技术、产品、标准等全产业链发展的核心需求，开展了系统化技术攻关与转化。

二是共建科企联创平台。为实现徐闻县高良姜产业化技术就地研发转化，中国热科院加工所在合作之初即与徐闻良姜龙头企业广东丰硒良姜有限公司联合共建了"高良姜科技创新中心""高良姜加工示范基地""徐闻良姜产学研合作基地"等产业创新平台。2021年，指导企业成立了"徐闻良姜研究院"，依托联创平台和专家团队，从优化传统采收模式、制定产业技术标准、开发多元化功能化产品、组建产业化生产线等方面对徐闻良姜产业展开了系统的技术攻关，为技术研发、成果转化、人才引培提供了有力支撑。

三是激活企业创新活力。为增强产业自主创新能力，指导企业建立了企业级科技研发中心，围绕高良姜产品质量控制和新产品开发，指导企业建立了先进的研发检测平台，培训企业专职研发人员2名，提升了企业的自主创新能力。

三、主要成效

一是产业规模持续壮大。在科技创新驱动下和各级政府的大力支持下，不到10年时间，徐闻良姜产业实现了从以卖初级原料为主，到如今产品多元化、机械化、标准化、数字化全面推开的全链发展格局的跨越，徐闻良姜由2013年种植面积的不足2万亩、产地价格维持在每千克8元左右、产值链总产值不足5亿元，发展到如今面积超6万亩、每千克超30元、产业链总产值超30亿元的规模，实现了徐闻良姜加工产业从无到有、从粗放到标准、从弱到强的跨越式发展。

二是机械装备广泛应用。联合中国热科院农机所设计研发的秸秆粉碎还田机、挖掘收获机、联合收获机、振动链式收获机、便携式采挖机等高良姜专用型收获装备在徐闻县成功进行了产业化应用，大幅提高了高良姜的收获效率，累计实现机械化收获面积31 350亩，总体覆盖面积达到种植总面积的70%以上，产生了良好的经济效益。同时，高良姜茎秆粉碎还田促进了废弃物的资源化利用，减少了焚烧等产生的环境污染。

三是产业链提质增效显著。在产地加工方面，研发推广了固形护色和分级干燥高良姜的标准化产地加工技术，指导企业在徐闻良姜现代农业产业园建立了国内第一条可实现周年生产的高良姜标准化无硫加工生产线，可将传统平均干燥时间从16.5天缩短至24小时以内。牵头制定了高良姜加工领域地方标准，产品品质得到了明显提升，企业生产的标准高良姜片成功列入全国名特优新农产品名录，并成为深受市场青睐的"抢手货"。徐闻县高良姜产地标准化加工技术的推广落地，打破了徐闻高良姜传统产地加工不清洗、日晒、熏硫黄等传统粗放的加工局面，解决了高良姜传统加工方式干燥周期长、干燥不彻底、受天气影响大、人工成本高、产品品质差等突出问题。

在精深加工方面，通过持续技术攻关解决了徐闻良姜在加工过程中风味与活性协同保存、香气保留难题，集成研发了良姜多元化精深加工技术，开发良姜食品、日化产品20余款，指导企业在国内率先建立了良姜食品级提取物、饮料、速溶茶、口含片等生产线7条，并制定企业标准2项、培训生产人员15名，填补了国内良姜精深加工产业的空白。指导企业生产的高良姜温茶荣获第二十三届中国国际高新技术成果交易会优秀产品奖。

四是支撑乡村人才队伍建设。在技术支撑徐闻良姜产业化过程中，累计培训农民技术骨干、技术工人、产学研学生1 000人次，其中为企业培训科技骨干100名以上，在高良姜产区培养了一批高良姜机械装备操作和维护人才、产地加工技术标准监测评价人才、生产管理人才和品质控制人才，完善了产区人才梯队的建设。

五是助力地方乡村振兴工作。徐闻良姜的快速发展，使其成了乡村振兴战略和"百县千镇万村高质量发展工程"的支柱性产业。通过发展高良姜产业，催生了一系列产业与农民利益联结机制，土地流转、订单农业、"保底+分红"、创造就业等多种联农带农模式在产区被实践推广，累计辐射带动农户5 002户，人均可支配收入超25 000元，高出全县平均水平的15%，共吸纳446户以上的农户实现在家门口就业，累计吸纳农民就业人员11 200人、吸引返乡创业人员300人，培育了一批农民百万富翁，为产业发展注入了新的活力。

科技支撑广东省高州市新垌镇黄皮产业链发展

一、基本概况

新垌镇隶属于广东省茂名市高州市，位于高州市东部，地处丘陵地带，全镇地势东北高、西南低，辖区总面积168.16平方千米。新垌镇属亚热带季风性气候，年均气温22.2℃，年降水量2 200毫米，无霜期362天，阳光充足，干湿明显，温差较大。由于新垌镇多山地、多坡地、多旱地的地理条件，形成了以黄皮、荔枝、龙眼等多种作物为主的农业环境，水果品类丰富，被誉为"茶果之乡"。但受限于当地农户的种植水平，果树品种不一，缺乏科学管理，导致当地果业发展水平较低。中国热科院加工所专家作为广东省驻镇帮扶科技特派员入驻新垌镇，多次深入田间地头走访，考察种植情况，了解农户难题。针对新垌镇当地种植情况及周边环境，中国热科院加工所提出建设以黄皮产业为主导的特色小镇方案，制定由产地到产品的发展路线，帮助当地开展黄皮选种、种植、贮藏、加工等各方面的发展。2021年，新垌镇黄皮种植面积已达1.2万亩，产量达2.8万吨，总产值达1.5亿元。新垌黄皮在粤西打响了名气，当地黄皮种植水平大幅度提高，黄皮产业作为当地特色经济作物产业发展迅速，带动了当地经济发展，对推进全面乡村振兴具有重要意义。

二、做法举措

一是新垌镇黄皮产业迈向标准化种植新篇章。《中共中央 国务院关于坚持农业农村优先发展做好"三农"工作的若干意见》中指出要坚持农业农村优先发展，着力推动农业高质量发展和农村全面振兴。通过因地制宜发展特色经济作物，改善农村生产生活条件，增加农民收入，提升农村居民的获得感和幸福感。中国热科院加工所专家根据新垌镇当地特色，扶持特色产业，帮助当地发展，助推乡村振兴。新垌镇位于广东省高州市，地处丘陵和山区地带，气候温暖湿润，土壤肥沃，非常适宜黄皮的生长。长期以来，由于种植技术的限制和市场的封闭性，当地农民以传统农业为生，收入水平有限。为此，中国热科院加工所专家深入研究了新垌镇的地理和气候特点，提出了发展黄皮产业的建议，旨在通过科学的种植技术和市场化运作，提升当地农民的收入水平，实现经济和生态"双赢"。由于当地黄皮种植规模小而分散，阻碍了先进种植技术的应用推广，主要表现在大多数黄皮生产经营规模偏小，每家生产的品质差别很大，农产品质量不统一。由于果农文化水平低，未能充分运用科学种植技术进行标准化种植，造成生产的黄皮品质良莠不齐；长期施用大量化肥，造成土壤板结和生态污染；生态化种植程度低，造成水土流失；部分黄皮果树老化影响产量等问题，影响新垌黄皮品牌的建设。

通过专家的指导，新垌镇决定选择鸡心黄皮作为主推品种。鸡心黄皮果实饱满、味甜多汁，具有较高的市场价值和广泛的消费者基础。为确保这一计划的顺利实施，中国热科院加工所制定相关培训计划，并邀请不同黄皮种植专家前往新垌镇开展一系列培训活动，包括种植、施肥、疏花、剪枝等多个方面，总计培训活动10余次，培训农户700余人。通过理论与实践相结合的方式，专家手把手指导农民，帮助他们掌握科学的种植技术。此外，还发放了详细的技术培训手册1 000多本，方便农民在实际操作中参考。这些培训活动提升了农民的种植技术水平，在培训过程中，专家们深入田间地头，详细解答农民在种植过程中遇到的问题，确保每一位参与者都能学有所获、学以致用（图1和图2）。

二是新垌镇黄皮产业迎来保鲜新机遇。新垌镇地处广东省高州市，独特的地理和气候条件使得这里的黄皮生长速度快，上市时间早，产量集中。虽然这一特点使新垌镇黄皮在市场上具有明显的时间优势，但也带来了采后处理和贮藏的巨大挑战。黄皮果实在采摘后若不及时处理，极易因果皮皲裂而失去商品价值，这不仅限制了黄皮的销售半径，也影响了农民的收入。针对这一问题，中国热科院加工所专家团队经过多次调研和技术论证，决定在新

图1　热科院专家开展种植培训

图2 中国热带农业科学院专家培训现场

垌镇引进国内首台热带果蔬减压保鲜贮藏设备。这台设备利用减压技术，能够在低压环境下减缓黄皮的呼吸速率，降低水分蒸发，从而延长黄皮的保鲜期。同时，设备还能抑制病菌的繁殖，减少果实腐烂风险，大大提高黄皮的贮藏质量。设备引进后，结合新垌镇的实际情况，制定了一套从黄皮采摘到入库的标准规程。首先，在采摘环节，建议农民选择早晨采摘，以减少果实在高温下的水分流失。其次，在采摘后，要求及时将黄皮送至保鲜设备进行处理，并在入库前进行严格的质量筛选，确保每个入库的黄皮果实都符合高标准的贮藏条件（图3）。

图3 全国首台热带减压保鲜贮藏设备

通过减压保鲜贮藏技术，黄皮的保鲜期从过去的3天延长到22天，为黄皮的销售提供了更大的灵活性和保障。农民可以根据市场需求灵活安排销售时间，避免因集中上市而导致价格下跌。新垌镇水果产量丰富，有的农户利用产地优势开展电商直播带货，但长期以来苦于物流时间长、损耗大等问题，中国热科院加工所专家了解情况后，利用减压保鲜贮藏设备制定了一套适用于物流运输的采后预处理流程，与常规方法相比，该流程能够在运输过程中减少40%的损耗，并且将运输成本控制在2元以内，极大地减轻了农户的负担（图4）。

黄皮减压贮藏效果对比（右为减压贮藏，左为冷库贮藏）

减压贮藏荔枝（妃子笑）

品尝现场

减压贮藏效果检验现场

图4 减压保鲜效果检验

三是新垌镇黄皮产业链延伸新路径。为进一步推进新垌镇黄皮全产业链的发展，中国热科院加工所专家团队发挥自身科研优势，积极推动当地黄皮加工产品的研发与推广，助力新垌镇黄皮产业迈向新高度。中国热科院加工所帮助新垌镇成功开发出一系列高附加值的黄皮加工产品，包括黄皮饮品、黄皮果脯、黄皮月饼、黄皮茶饮，以及黄皮果浆制备的黄皮面条等，共计10余种产品，极大地促进了当地黄皮加工业的发展。近年来，随着新垌镇黄皮种植面积的增加和产量的增加，加工环节成为制约黄皮产业发展的瓶颈。为解决这一问题，中国热科院加工所提出了开发多种黄皮加工产品的战略，旨在通过延伸产业链、提高黄皮的市场价值和农民的收益。在中国热科院加工所专家的指导下，新垌镇成功研发了黄皮饮品。这种饮品不仅保留了黄皮的鲜美口感，还富含维生素C和多种营养成分，深受消费者喜爱。此外，黄皮果脯的问世也为新垌镇黄皮加工增添了亮点。通过科学的加工工艺，黄皮果脯口感细腻、风味独特，从而成为市场上的畅销产品。新垌镇还推出了黄皮月饼，这款月饼在馅料中添加了黄皮，口感新颖独特，深受消费者青睐。此外，黄皮茶饮的开发也得到了市场的热烈反响。黄皮茶饮不仅具有清新爽口的特点，还具有消暑解渴、健脾养胃的功效。为进一步拓展黄皮产品的多

样性，中国热科院加工所专家还指导新垌镇利用黄皮果浆制备了黄皮面条。黄皮面条色泽金黄、富有弹性，不仅美味可口，还营养丰富，受到了广大消费者的欢迎。这一系列产品的成功开发，极大地提升了新垌镇黄皮产业的附加值，也为当地农民带来了可观的经济收益（图5）。

图5　热科院专家与黄皮面条

　　通过这些创新举措，新垌镇的黄皮加工业实现了从小到大的跨越式发展，当地政府和农民对未来充满信心。后续可进一步扩大黄皮加工产品的生产规模，提升品牌影响力，拓展国内外市场。中国热科院加工所将继续支持新垌镇黄皮产业的发展，通过技术创新和市场推广，不断推动黄皮全产业链的优化升级。

三、主要成效

　　一是种植产量及面积大幅提升。通过中国热科院加工所及新垌镇驻镇工作队指导，2023年新垌镇黄皮产业产值31 121万元，2023年高州市黄皮产业产值为115 325.1万元，占全市黄皮产业产值的27%。鸡心黄皮种植主要分布在全镇的19个村委会，同时辐射谢鸡镇、长坡镇等毗邻乡镇。2023年，

新坰镇黄皮总种植面积突破1.5万亩，产量达2.8万吨，产值超过3亿元，有效带动了农民增收（图6）。

中国热科院加工所专家组织黄皮种植相关培训10余次，针对新坰镇700余名农户开展专题培训，并发放黄皮栽培种植手册、黄皮套袋等多份生产材料，共计1 000余份，帮助

图6　新坰镇主栽黄皮（鸡心黄皮）

当地提升种植水平。新坰农户通过种植培训逐步摸索并形成了独特的种植技术，拥有了一批专业的收购团队和市场推广宣传团队，逐步打响了新坰黄皮"种植面积最大、产量最多、品质最好"的盛名。

二是黄皮贮藏时长显著延长。果蔬贮藏加工业的发展不仅是保证果蔬种植产业迅速发展的重要环节，也是实现采后减损增值、建立现代果蔬产业化经营体系、保证农民增产增收的基础。2023年4月，中国热科院加工所在新坰镇公开进行黄皮、荔枝保鲜实验，并取得了纯物理技术黄皮保鲜22天、好果率超95%和荔枝保鲜32天、好果率超95%的好成绩，经减压保鲜处理后的水果常温货架期明显延长数天时间。新坰镇黄皮保鲜采用减压保鲜技术，是继机械冷藏（制冷贮藏）、气调贮藏之后的第三代贮藏保鲜技术，在延长保鲜期和保持新鲜度等方面具有明显作用。中国热科院专家针对新坰镇电商的需求，制定适用于物流运输的减压保鲜操作流程，将运输过程中的损耗降低了40%，并且通过独特的包装方式，将物流运输包装成本控制在2元以内，帮助电商提高利润。

三是黄皮产品品类丰富。为打好"新坰黄皮"这张牌，助力产业发展、村民增收，新坰镇提出黄皮"三品"经济，即食品、药品、化妆品的研发。目前，开发出黄皮茶、黄皮果汁、黄皮月饼、黄皮面、黄皮蜜饯等健康休闲系列产品，深受消费者青睐。2023年，土特产黄皮面条上市后受到了广泛好评，目前销售量已突破100万元，为村集体增加收益6万元以上。2022年、2023年新坰镇分别举办了高州市新坰镇黄皮产业购销洽谈会、第二届高州市

新垌黄皮推介会，进一步推动了黄皮产业的产销、品牌宣传推广工作，帮助果农增产又增收。新垌镇还重点培育龙头加工企业，打造集种植、保鲜、深加工以及销售于一体的产业链，不断开发黄皮系列衍生产品。

橡胶林下间种南药模式在广东农垦进行推广应用

一、基本概况

巴西橡胶树是天然橡胶的主要来源，于20世纪初引入我国后，橡胶产业蓬勃发展，为我国打破国外封锁做出了重要贡献。我国植胶区分布在海南、云南、广东和广西南部地区。作为多年生木本植物，橡胶树生产周期为30年以上，每年都有较大面积的老旧胶园面临更新，胶园在更新改造后的较长一段时间内无法进行割胶作业，无法产生经济效益，且无论新老橡胶树下的大片土地都会无法利用，橡胶树从种植到产胶需经历7~8年，其间需要极高的人力物力成本。近年来，国际橡胶期货价格低迷，常规产业种植连年亏损，严重影响农户种植的积极性，加重种植负担。

此时，发展胶园林下经济有两项优势：一是我国农田资源利用超负荷，胶园林下空间大部分未被利用，开拓林下经济空间十分必要；二是大力发展胶园林下经济，可以提高胶农收入，促进天然橡胶的健康、可持续发展。因此，增加胶园生产收入、提高农场及胶农种植积极性，对于天然橡胶产业健康可持续发展、促进乡村振兴具有重要意义。近年来，林下经济蓬勃发展，出现了林-粮、林-禽、林（草）-畜、林-药、林-菌种植养殖等不同模式。但截至目前，除了地势比较平缓、有水源或其他特殊环境条件的一些幼树胶园和极少量的开割胶园外，大部分幼树胶园和绝大多数开割胶园的可间作资源未得到开发利用。长远来看，林-药模式是橡胶林下最可期的经济模式。南药多为一年生或多年生植物，橡胶林下种植不需过多管护，极大地节约了成本，可以获得更高的经济效益。南药类植物一般具有耐阴的习性，因此很多南药都适宜在胶园林下种植，如五指毛桃、益智、牛大力、巴戟天、砂仁、槟榔、地胆草、魔芋、藿香和绞股蓝等。发展橡胶—南药间种模式，既可以充分利用林下空间，又能获得较好的经济效益，市场前景广阔。自国家天然橡胶产业体系成立以来，中国热带农业科学院湛江实验站（以下简称"中国热科院湛江站"）在广东湛江、阳江和茂名等地，围绕橡胶林下种植开展了系统性的探究，考虑附加值与作物适应性方面，最终形成了胶园林下间种春砂仁、胶园林下间种五指毛桃、胶园林下间种香料砂仁等林－药种植模式，提高了种植户与农场的种植收入，助推乡村振兴事业平稳健康发展。

二、做法举措

一是科研规划探究先行。广东省天然橡胶种植面积4.2万公顷，这里可用于发展林下经济的土地资源丰富，加上光、热、水资源充足，十分适宜发展橡胶林下经济。近年来，橡胶产业低迷，而如何利用这些土地资源成为农场与种植户关注的主要问题，中国热科院湛江站科研团队以广东本地道地药材为主，开展林下间种高附加值南药，以此提高胶园经济收入，且南药大多为药食同源性中药材，市场前景广阔，具有较高的应用推广价值。锚定目标，团队提出在橡胶林下进行南药适应性种植，建立橡胶林下间种南药示范区，并在农场与企业进行推广应用，得到了农场与企业的认同。

二是科技力量支撑。针对橡胶林下经济规模化与产业化程度偏低、林下经济种养管理技术不足以及产业链短、附加值低等问题，研究团队先后收集多种南药用于橡胶林下种植，通过多年的研究积累，收集了砂仁、五指毛桃、斑兰叶、香料砂仁、太子参、土茯苓、牛大力、益智、姜黄、天冬、百部等南药种类20余种，并在橡胶林下进行适应性种植。其中收集砂仁种质资源110余份，建成了全国范围内最丰富的砂仁种质资源圃，培育并授权全国首批砂仁新品种权4个；收集五指毛桃种质资源130余份，筛选出适宜橡胶林下间种的优异种质5份。最终筛选出适宜林下间种的南药种类有春砂仁、五指毛桃、山姜、天冬及斑兰叶等，并因地制宜进行示范推广。中国热科院湛江站科研团队发表相关论文12篇、授权专利9件、制定行业标准1项、授权软件著作权4件、授权植物新品种权4件。

三是多种模式集成与创新。研究团队筛选出多种适宜橡胶林下间种的南药种类，形成适宜广东植胶区的"胶园林下间种五指毛桃技术模式""胶园林下间种砂仁技术模式""胶园林下间种香料砂仁技术模式"及"胶园林下间种斑兰叶技术模式"等特色技术模式10余套，并在广东农垦不同地区进行因地制宜的示范推广（图1和图2）。

图1 胶园林下间种五指毛桃技术模式　　图2 胶园林下间种太子参技术模式

　　四是多种服务方式助力林下间种产业提质增效。通过网络信息、实地指导、科技培训等方式，中国热科院湛江站针对广东地区林下间种南药的相关采收技术及突发性问题等提供科技服务，累计开展林下间种技术服务百余次，培训农机人员300余人次（图3和图4）。

图3 实地开展林下间种五指毛桃技术服务　　图4 南药种植科技培训

三、主要成效

一是推广面积不断增加。收集、筛选相关南药优良种质后，中国热科院湛江站科研团队进行了技术推广，现已建立橡胶林下间种南药示范基地5个，示范带动农垦和企业推广种植面积超过1万亩。截至目前，该团队在广东农垦的10余个植胶农场，以及海南和云南等地推广橡胶园林下种植南药面积超过1万亩，包括橡胶园林下种植香料砂仁、春砂仁、五指毛桃、土茯苓、益智、斑兰叶、大青、魔芋和太子参等。

二是种植标准化程度不断提高。通过"胶园林下间种砂仁技术模式集成与示范""胶园林下间种五指毛桃技术模式集成与示范"等，配合种植技术等方面的科技培训，不断提高橡胶林下南药的标准化种植水平。

三是推动胶园经济高质量发展。橡胶林下间种南药模式推广至今，提高胶园经济效益超1 000万元，稳定了胶工队伍，为广东垦区天然橡胶产业高质量发展奠定了基础。研究成果具有较好的创新性和先进性。

草畜一体化典型模式

一、基本概况

湛江市地处我国大陆最南端，广东省西南部，东濒南海、南隔琼州海峡，与海南省相望，西临北部湾，东北方与广东省茂名市茂南区和电白区、化州市接壤，西北与广西壮族自治区的合浦县、博白县、陆川县毗邻，是我国热区的重要组成部分。湛江市地势是中轴高、东西两侧低，南北高、中间低，地处北回归线以南的低纬度地区，属热带北缘季风气候。

湛江市拥有国家级畜禽种质资源——雷州山羊和雷琼黄牛。然而，它们的生产模式为传统粗放式管理，存在营养供给不平衡、冬天牧草缺乏、经济效益低等现象。因此，科技赋能"一羊一牛"产业发展，对于巩固拓展脱贫攻坚成果与乡村振兴有效衔接、做大做强富民产业、全力推进美丽乡村建设、大力培育文明乡风具有重要意义。中国热科院在湛江市建有"三所一站"，长期围绕热带畜禽、草地坡地高效开发、热带经济作物及其副产物综合开发等开展研究，逐步形成了以农户增收为目的，以村企合作为纽带，充分发挥科研机构、企业在产业扶持中的作用，高标准打造草畜一体化循环养殖示范基地，技术支撑湛江"一羊一牛"（雷州山羊、雷琼黄牛）产业高质量发展。

针对巴东村饲草资源丰富和土地资源利用不足的问题，以中国热科院湛江站为技术支撑单位，建立了黑山羊一体化循环养殖产业扶贫示范基地，解决了养殖过程中普遍存在的饲草料难以加工贮存、舍饲化养殖效益低下、粪便自动化收集及无害化处理困难等技术难题。同时，该基地以黑山羊养殖为主，先后引入了生态鸡的养殖、海鸭蛋的制作、鱼干制作等多种产业扶贫项目。

二、做法举措

一是科学规划草畜一体，以点带面初见成效。湛江市地处粤西，毗邻广西，与海南隔海相望。湛江市地大物博，总面积13 263平方千米，常住人口约800万人。雷州山羊和雷琼黄牛是湛江市重要的畜禽种质资源，它们的产品由于营养价值高，长期处于供不应求的状态。那么如何提高"一羊一牛"的产品供给力是一直困扰当地养殖户的难题，也是当地畜牧业发展的重点、难点和热点。中国热科院专家对湛江市"一羊一牛"进行了实地考察，并且选择广东省湛江市徐闻县城的龙塘镇和南三岛西部的巴东村为实验点，规划和探索雷州山羊和雷琼黄牛一体化养殖模式。一方面，可以充分利用当地一年四季大量的甜玉米、花生、菠萝渣和稻草等作为饲料，大幅降低养殖成本；另一方面，可通过种养结合形成草畜一体化生态循环农业，促进土壤改良和种植业提质增效，开启"一羊一牛"发展新路子。

二是科技赋能产业发展，成果显著效益丰富。为了落实院市等部门的合作精神，助推当地"一羊一牛"产业发展和农民脱贫致富，按照湛江市的科技需求，中国热科院整合全院相关科研力量，为保障"一羊一牛"高质量发展献言献计。由湛江市乡村振兴驻龙塘镇帮镇扶村工作队和乡村振兴人才驿站为主要联系服务单位，湛江实验站为技术支持单位。在恒青农畜专业合作社草畜一体化循环养殖示范基地，优先扶持部分专业合作社发展养殖业。按照"精准识别、精准施策、精准帮扶、精准管理"的要求，结合南三岛当地家庭养殖传统，在南三岛建立黑山羊一体化循环养殖示范基地。扶持一批农户发展养殖业，以增收为目的、以村企合作为纽带，充分发挥科研机构、龙头企业在产业帮扶中的作用，帮扶困难群众发展畜牧养殖业，加快致富步伐。

三是科技成果创新发展，辐射周边推广应用。经过20余年的坚持和努力，恒青农畜专业合作社草畜一体化养殖基地总占地面积20亩、饲养优质肉牛100多头、种植优质牧草15亩、年出栏优质肉牛50多头、粪便无害化处理率达98%以上、年加工农业废弃物秸秆饲料500多吨，实现年产值100万元以上。巴东村黑山羊一体化养殖基地总占地面积50亩、饲养优质黑山羊400多头、种植优质牧草25亩、年出栏优质黑山羊200多头、粪便无害处理达98%以上、年加工农业废弃物秸秆饲料500多吨，实现年产值100万元以上。此外，草畜一体化模式还辐射海南、广西和贵州等地（图1和图2）。

图1　雷州山羊

图2　雷州山羊羔羊补饲

三、主要成效

一是"一羊一牛"产业发展迅速。巴东村黑山羊一体化循环养殖示范基地和恒青农畜专业合作社草畜一体化循环养殖示范基地主要运行模式均采取"政府＋科研机构＋企业＋贫困户"的扶贫模式，形成捆绑式发展产业。政府作为项目合作和监督单位，为企业提供科技扶贫项目所需要的土地（土地租赁费由企业负担）、科技扶贫资金，以及协调地方各部门为项目建设提供便利条件，协助办理完成土地租用、农用地、环评报告及申请政府一切补贴相关手续等。企业作为项目实施主体，全面负责科技扶贫项目的建设、运行及后期管理；企业利用政府提供的资金，完成项目建设，项目建成后由企业集中饲养、统一管理、统一经营，企业需承担养殖过程中的技术和市场风险，保证农户利益。中国热科院湛江站作为项目实施的技术支持单位，负责项目实施过程中的技术服务、可行性研究报告撰写、项目规划设计（包括项目选址、养殖场标准化设计及其建造技术等），并解决养殖过程中所遇到的技术问题；同时为政府和企业提供必要的决策建议等。在该种模式的加持下，"一羊一牛"产业发展迅速，累计示范推广应用草食家畜100万余只（头）。

二是"一羊一牛"技术稳步创新。中国热科院湛江站逐步形成了集育种、营养、疾病防治和饲养管理为一体的草畜一体化生产技术体系。在国家自然科学基金项目、中央基本科研业务费及农业农村部等项目的支持下，结合单位战略需求，立足产业发展需要，不断优化和创新草畜一体化生产模式所需的技术，相关成果先后获得海南省、广东省主推技术奖，广东省农业推广技术奖以及其他省部级奖励近20余项。

三是养殖户收入大幅度提高。目前，在草畜一体化模式的生产下，养殖户收入大幅提高。据估测，每只羊的直接经济利润增加20元，每头牛的直接经济利润增加50元。另外，热带作物秸秆和农副产品利用效率提高10％以上。草畜一体化模式带来了巨大的生态效益、生产效益和经济效益。

科技服务促进湛江市徐闻县城北乡甜玉米产业健康发展

一、基本概况

广东省湛江市徐闻县城北乡地处热区，属热带季风气候，日照充足，雨水丰沛，全年气温较高；土地多数平坦连片，坡度较小，土壤肥沃疏松，非常适合发展冬种农业，城北乡已建成甜玉米、香蕉、冬种蔬菜等农作物生产基地。其中，甜玉米种植面积约1万亩，是每年秋、冬季节种植的主要农作物之一。但当地一些农户盲目选择甜玉米品种，种植管理技术欠缺，有时甚至遭遇假种子危害，严重影响了当地甜玉米产业的健康发展。

二、做法举措

一是充分调研甜玉米产业发展中存在的问题。中国热科院湛江站科技特派员团队前期在城北乡乡村振兴驻镇工作队和乡政府的大力支持下，对该镇下辖的14个行政村和当地农业龙头企业进行了深入调研，通过实地考察和走访农户等多种形式，了解到该乡存在部分农户种植技术不过关、病虫害发生频繁、玉米假种子事件时有发生等情况，造成农户损失严重、种植技术与品种不匹配等多方面的问题。

二是引进新品种加快良种推广种植。为充分发挥科技特派员团队服务乡村振兴的作用，助推当地甜玉米产业发展和农民致富增收，针对城北乡甜玉米产业发展的科技需求，中国热科院湛江站派出相关科技人员提供技术支持，先后引进最新审定的甜玉米品种发放给种植户试种，为品种更新换代提供科学依据，为农户提供增产增收服务。

三是科技培训促进农业健康发展。针对城北乡甜玉米产业普遍存在的问题，科技特派员团队组织了玉米高效栽培技术培训会。培训专家针对甜玉米种植上存在的技术难题，细致、深入地讲解品种选择、种植模式、水肥管理和病虫害防治等各方面知识；针对玉米假种子事件时有发生的情况，专家深入地讲解了玉米种子的购买渠道、种子的识别方法和维权途径；针对城北乡专用的玉米品种进行了配套栽培技术讲解。会上，培训专家、农户，以及乡、县一线农业工作人员进行了积极的互动，培训受到了城北乡14个行政村50多名参会农户的一致好评（图1）。

图1　科技培训情况

三、主要成效

　　2023年9月，引进甜玉米品种在城北乡多个行政村试种。为了解试种效果，2024年2月科技特派员团队联合农业管理部门及时收集反馈意见，试种甜玉米品种鲜果穗产量比其他品种增产5％左右，同时具有抗大、小叶斑病，结实性和封顶性好，品质优良等特点，具有一定的市场推广潜力（图2）。

图2　引进甜玉米品种收获的鲜果穗

科技支撑广东省吴川市黑花生产业高质量发展

一、基本概况

花生是我国重要的食用、油料和饲料作物，在保障油料供给、促进农民增收和乡村振兴中具有重要作用。湛江市是广东省花生的主产区，年种植面积超过 100 万亩，其中湛江市的花生超过 80% 用于鲜食，剩余部分则用于生产食用油。然而，长期以来广东省的花生育种多以高产抗病为主，缺乏对品质优良的鲜食加工型花生品种的培育，限制了包括湛江市在内的以鲜食花生为主产区的花生产业发展。吴川市地处湛江市东北部，具有大量适宜花生种植的沙壤土，但由于收获期较晚，发展普通鲜食花生较湛江市等其他地区的价格优势不明显，限制了吴川市当地花生产业的发展和农民的增产增收。中国热科院湛江站针对吴川花生产业发展这一重要问题，针对性地开展了优质黑花生品种引进和培育，协助构建了高产、高效黑花生种植技术，推动了吴川特色花生产业的健康发展。

二、做法举措

一是充分调研吴川鲜食花生产业发展中存在的问题。中国热科院湛江站热带饲料作物资源利用科研团队根据湛江市"百千万工程"发布的技术需求，又了解到吴川市龙头农业企业广东翻身农业发展有限公司发布的对特色鲜食花生品种和技术的需求，根据这些信息，中国热科院湛江站科研团队通过走访企业和吴川市多个乡镇，发现当地花生种植存在种源渠道不畅、栽培技术落后、后期收获储藏存在安全隐患等问题。

二是引进和培育新品种加快良种推广种植。为充分发挥科研院所的优势，中国热科院湛江站热带饲料作物资源利用科研团队根据当地的发展需要，一是引进了优质黑花生品种，在企业进行推广种植；通过企业示范、农户参与，一点带面，促进吴川市的花生产业发展。二是根据企业需求、花生产业发展的趋势和当地的气候特征，针对性地开展了特色、高附加值的花生新品种选育，并进行示范推广。三是大力推广机械化种植，节本增效，提升产值，通过机械化种植，大大降低了人工成本，提升了种植效益。四是因种施策，建立品种配套的种植技术，不同品种由于生长特性、发育时期存在差别，在管理方式上有所不同，通过"一种一法"，提高管理水平，增加品种产量（图1）。

图1 专家指导吴川黑花生种植

三是科技下乡多策并举提升种植水平。针对企业、合作社和种植户在生产中所遇到的问题，通过电话咨询、视频咨询和到家服务等多种举措，细致、深入地讲解花生品种选择、种植模式、水肥管理和病虫害防治等各方面知识，并通过送种子、送技术、送农药等多种措施，打消农户的戒备心，建立信任，增强农户在花生种植中增产、增效的信心。

三、主要成效

自2023年中国热科院湛江站开展科技服务以来，已经帮助吴川市花生种植企业引进鲜食花生新品种1个、培育鲜食甜花生品种1个，推广花生新品种、新技术种植1 000亩、辐射5 000亩。在花生产量方面，通过新品种、新技术的应用，将花生鲜果产量由400千克/亩提升至500～600千克/亩，生产投入每亩降低100元，取得了良好效果。

"科技联姻"赋能
按下湛江"南三青蟹"产业发展快进键

一、基本概况

南三岛，作为中国南部沿海的一个重要生态保护区，以其独特的地理位置和丰富的自然资源成为湛江市渔业发展的核心区域之一。该地区气候温和，海洋生态环境优越，具备发展多种水产养殖的潜力。青蟹，因其味道鲜美和高市场价值，近年来在南三岛的养殖业中脱颖而出，逐步成为当地渔民的经济支柱。然而，随着产业的不断扩展，传统青蟹养殖模式的局限性也逐渐显现，具体表现为产量波动大、病害频发以及环境污染加剧，严重制约了产业的可持续发展。南三岛青蟹养殖在过去多采用开放式虾塘或鱼塘养殖。这种传统模式虽然初期投入成本低，但随着养殖密度的增加和生态环境的变化，问题日益凸显。青蟹在开放环境中生长易受到外部因素干扰，导致生长周期延长、成活率降低。同时，传统养殖方式对水体的依赖性高，但水质管理手段有限，常因水体富营养化导致青蟹疾病多发、养殖效益不稳定。此外，随着养殖规模的扩大，环境污染问题愈发严重，养殖户在如何平衡经济效益与生态效益之间面临抉择。面对这些问题，当地养殖户亟须现代科技手段的介入，以优化养殖技术、提高产量和产品质量，减少对环境的负面影响。科技创新不仅是产业升级的必要手段，也是推动乡村振兴、实现经济可持续发展的重要支撑，特别是针对南三岛独特的生态环境，如何构建适合当地的生态友好型养殖系统，成为科研机构和养殖户共同关注的问题。

二、做法举措

一是科技联姻，打造"红树林—贻贝—青蟹"生态系统。为了有效应对南三岛青蟹产业面临的挑战，2023年8月，中国热科院湛江站的水生生物疾病防控中心积极开展科研攻关，并推动科技成果落地转化。研究团队通过与当地养殖户的紧密合作，开发并推广了一套创新性的"红树林—贻贝—青蟹"生态循环养殖模式。该生态系统的核心理念在于利用南三岛丰富的红树林资源，将红树林、贻贝和青蟹有机地结合在一个互为依存的循环系统中。具体而言，红树林不仅为青蟹提供遮阴和栖息场所，其根系还可以在潮汐的作用下过滤海水，维持水质清洁；贻贝则利用青蟹排泄物和残饵作为营养来源，同时通过生物滤食净化水体，进一步促进红树林的生长，整体形成了一个良性循环。这个生态系统不仅解决了传统养殖模式下的环境污染问题，还加速了青蟹的生长速度和提高了成活率，实现了经济效益与生态效益的双赢（图1）。

图1　"红树林—贻贝—青蟹"

二是青蟹养殖模式升级。为了提高青蟹的养殖效率，南三岛的养殖户在科研团队的指导下，对传统养殖模式进行了全面升级。过去，青蟹多在露天环境中养殖，易受天气影响，导致疾病多发、养殖效益低。而现在，通过引入现代化的棚舍养殖模式（图2），青蟹

图2 棚舍养殖模式

被养殖在配有保温设施的室内环境中，有效避免了恶劣天气给养殖带来的负面影响。同时，现代化养殖设施的引入，也使得养殖环境的管理更加精准，进一步提高了青蟹的生长速度和成活率。在饲料方面，科研团队也进行了优化。传统的青蟹饵料多依赖于冰冻贻贝或鱼虾，这种饲料不仅价格昂贵，而且容易造成水体污染，影响青蟹的品质。针对这一问题，科研人员提出了使用从红树林中采集的活贻贝作为青蟹的天然饵料。这种饲料不仅更加环保，而且成本低廉，适合大规模推广使用。更重要的是，活贻贝作为饲料还能够增强青蟹的抗病能力，提高其品质，从而为养殖户带来更高的经济回报。

三是科技合作，推动产业发展。中国热科院湛江站站长欧阳欢率领科研团队，与湛江伟健生态休闲农业开发有限公司签署了一项重要的科技合作协议（图3）。此次合作的核心内容涵盖了青蟹棚舍高效养殖技术、贻贝培育与天然饵料应用技术、专用抗病防病中草药饲料添加剂研究及应用、人工

图3 双方签订合作合同

培育红树林技术等多个方面。这一合作不仅为当地青蟹产业的发展提供了全方位的技术支持，还致力打造一个集养殖、科研、示范推广于一体的青蟹生态循环健康养殖示范基地。在科技合作的推动下，这一青蟹生态循环养殖模

式将在湛江市及周边地区得到广泛推广。这不仅有助于南三岛青蟹产业的快速升级，也为湛江市的乡村振兴战略提供了有力支撑。通过科技合作，南三岛青蟹产业逐步走上了标准化、规范化、生态化的发展道路，为当地养殖户带来了新的发展机遇。

三、主要成效

一是生态系统的建立与推广。通过构建"红树林—贻贝—青蟹"生态系统，南三岛青蟹养殖实现了从传统粗放式养殖向现代生态循环养殖的转型。这一模式不仅大大提高了青蟹的产量和品质，还有效降低了青蟹养殖对环境的负面影响。在这种模式下，南三岛的青蟹产业呈现出健康、可持续发展的态势，成为国内外水产养殖领域的关注热点。此外，这一生态系统的成功推广，为其他沿海地区的可持续水产养殖提供了宝贵的经验和示范（图4）。

图4　红树林的生物多样性

二是青蟹产量与质量的提升。得益于新型棚舍养殖技术和活贻贝饵料的应用，南三岛青蟹的亩产量显著提升。与传统养殖方式相比，新模式下的青蟹亩产量提升近三倍，达到300斤/亩以上。这一成果不仅增强了青蟹的市场竞争力，还为养殖户带来了可观的经济效益。同时，青蟹的成活率和抗病能力也得到了明显改善，使得南三岛的青蟹产品在国内外市场上赢得了广泛的赞誉（图5）。

三是科技支撑产业升级。中国热科院湛江站的技术支持下，南三岛青蟹产业逐渐走上了标准化、规范化的发展轨道。科研团队不仅为养殖户提供了先进的养殖技术，还通过定期的技术培训和现场指导，帮助养殖户提升管理水平，推动产业快速升级（图6）。这种科技支撑下的产业升级，不仅提高了青蟹产业的整体效益，也为南三岛的可持续发展奠定了坚实的基础。

图5　青蟹膏肥黄满

图6　水生生物疫病防控团队至青蟹养殖基地调研

四是产业带动效应。南三岛青蟹产业的发展，不仅直接推动了当地渔业经济的增长，还带动了相关配套产业的发展。例如，在青蟹养殖模式的推动下，贻贝养殖、红树林保护与培育等相关产业也得到了快速发展。这种多产业协同发展的模式，进一步提高了南三岛作为渔业经济强县的地位，并带动了整个地区的经济繁荣。

五是乡村振兴的推动。南三岛青蟹产业的发展不仅帮助农户摆脱了贫困，逐步走上致富之路，还推动了地区经济的整体发展。产业为当地农户带来了大量的就业机会，吸引年轻人返乡创业，有效缓解了农村劳动力的流失问题，成为当地经济增长的重要引擎。随着产业规模扩大，政府和企业加大了基础设施投资，改善了道路、桥梁和供水设施，改善了农民生活环境。同时，这种融合了渔业、农业和旅游业的综合发展模式，不仅为南三岛带来了新的经济增长点，也为当地居民提供了更多的就业机会和收入来源。

开辟食用木薯产业"新赛道" 增添广西乡村振兴"新动能"

一、基本概况

广西壮族自治区地处亚热带季风气候区，气候温暖、雨水丰富、光照充足，但全区石山地区占比大，耕地资源匮乏，素有"八山一水一分田"之说。此外，广西还是全国农业大省（自治区），从而决定了广西的农业产业发展应充分立足自身特点，而木薯产业在广西农业产业中占据着十分重要的地位。

一是广西木薯产业情况。木薯与马铃薯、甘薯并列为世界三大薯类作物，是世界上1/7人口的主粮，具有产量高、管理粗放、应用范围广等优势。木薯于19世纪20年代传入中国，其主要分布于热带和亚热带地区；在我国主要分布于广西、广东、海南、福建、台湾，另外云南、贵州、四川、湖南、江西等省也有少量栽培。其中，广西依托其优越的区位优势和适宜木薯种植的自然条件，大力发展木薯产业，成为了我国最大的木薯产区，其种植面积长期稳定在300万亩以上，最高时达450万亩左右，约占全国木薯种植面积的70%。

木薯作为广西加工酒精和淀粉的主要原料，全区14个地级市均有木薯种植，其中以南宁、柳州、崇左等为主。2007—2014年，由于市场对酒精和淀粉的需求量增大，这对广西木薯产业的发展起到了重要的推动作用。尤其是2011—2014年，广西木薯产量稳定在180万吨左右，种植面积约340万亩。但自2015年开始，广西木薯种植面积和产量均逐年减少，直至2023年才止住下降趋势（表1）。

表1　2009—2023年广西木薯种植面积及产量情况

年份	种植面积 （万公顷）	比上年增长 （万公顷）	产量 （万吨）	比上年增长 （％）
2009	23.09	0.94	164.12	6.1
2010	23.30	0.21	173.21	5.5
2011	23.75	0.45	180.33	4.1
2012	23.12	−0.63	181.31	0.5
2013	22.80	−0.32	182.75	0.8
2014	22.41	−0.39	182.82	−0.05
2015	21.33	−1.08	175.94	−3.8
2016	20.69	−0.64	172.12	−2.2
2017	20.10	−0.59	172.05	−0.04
2018	18.23	−1.87	166.67	−9.6
2019	17.80	−0.43	168.56	1.1
2020	17.38	−0.42	167.48	−0.6
2021	16.55	−0.83	162.71	−2.9
2022	15.55	−1.00	157.67	−3.1
2023	15.62	−0.07	161.83	2.6

注：数据来源于广西壮族自治区国民经济和社会发展统计公报。

二是广西木薯产业面临的困境。如上所述，受国内外市场持续低迷和东盟等木薯主产国大量进口冲击的影响，从2010年开始，国内外对淀粉的需求量逐年走低，全国的木薯产业发展进入低谷，而广西作为全国木薯种植面积最大的省份，自2015年开始也不可避免地逐年减少种植面积。除了市场因素外，导致木薯产业萎缩的原因还包括：加工型木薯优良品种更新缓慢，不能很好地适应市场需求；木薯加工产业链单一、技术落后，主要产品仍局限于酒精和淀粉，难以有效提高附加值。因此，导致木薯收购价格低，平均收购价连续多年徘徊在500元/吨左右。按农民种植木薯平均亩产2吨计算，每亩年收入仅为1 000元左右。由于产值低、效益差，严重打击了农民种植木薯的积极性。在多重因素的制约下，广西木薯产业进入了长达近十年的低谷期。与此同时，也严重阻碍了广西的木薯品种选育、高效栽培、精深加工等研究进程。

三是广西木薯产业的新思路和新发展。虽然，木薯是世界第六大粮食作物，但在我国则不是主粮，而是作为酒精和淀粉加工的主要原料，或作为饲料，甚至是在非洲这个一贯以木薯为主粮的地区，木薯也正逐渐从粮食转变为加工原料或饲料。其中一个主要原因在于，木薯含有一种名为"氰苷亚麻苦苷"的物质，该物质在酶和胃酸的作用下释放出剧毒物质——氢氰酸，摄入0.06克氢氰酸就会致人死亡。据实验数据表明，仅150～300克鲜木薯所产生的氢氰酸量就足以致一名成年人死亡。

2019年12月29日，南宁市横县发生的一起因食用木薯引发的食物中毒事件引发了广泛关注。据报道，一位村民采摘了野生木薯回家烹煮，由于不了解木薯的特殊性质，处理不当导致全家三人中毒，其中一名儿童不幸去世。该事件发生以后，广西壮族自治区亚热带作物研究所（以下简称"广西热作所"）二级研究员、国家木薯产业技术体系岗位科学家李军，第一时间赶赴事发地全程参与调查核实工作。同时，这起事件也让李军等木薯专家们决心担起科研工作者的责任，避免这样的悲剧再次发生。于是，李军研究员等专家开启了低氢氰酸含量的食用型木薯品种选育研究，并取得了良好成效。为保障粮食安全、丰富百姓食谱、促进农民增收、助力乡村振兴开辟了一条新的途径，同时也为广西木薯产业的可持续发展拓宽了思路。

二、做法举措

产业振兴是乡村振兴的重中之重，科技创新是产业发展的内生动力。在推动广西食用木薯产业发展的过程中，广西热作所坚持紧扣产业全链条，开展新品种选育、高效栽培示范、储藏保鲜、产品加工等研究，以科技创新成果服务、引导、衔接产业发展，坚持问题导向，做到"创新思维从产业中来，创新成果到产业中去"的科研与产业高效联动。

一是发挥科技破茧效应，解决产业难题。作物品种是农业产业的起始端，更是支持农业产业发展的"芯片"，直接决定着整个产业链的发展速度、规模、质量。因此，在发展食用木薯产业时，首先要选育出同时具备低氢氰酸、高淀粉、口感好等优点的食用型木薯品种。长期以来，木薯在广西区域范围内虽然能够正常开花，却无法发育成为能够正常发芽的种子。虽然，广西热作所木薯研究团队从20世纪80年代便开始了木薯品种改良研究，却只能通过与国际热带农业中心合作，每年引进木薯实生杂交种子，而无法开展自主定向杂交育种研究，育种成了食用型木薯品种选育的"卡脖子"难题。为攻克这一难题，广西热作所积极开展木薯开花调控技术研究，并取得了成功。依托该技术，李军团队成功选育出国内第一个食用糯性木薯品种"桂热10号"，该品种于2020年通过国家审定，成为广西第一个通过国家审定的食用木薯品种，解决了食用木薯产业发展的首要问题。该品种鲜薯平均产量32.4吨/公顷，淀粉含量29.3%，支链淀粉含量92.3%，氢氰酸含量13.3毫克/千克（氢氰酸含量小于50毫克/千克的木薯归为可食用木薯）。由于该品种具备低氢氰酸、可鲜食、糯性较强等优良品质，十分适合加工做成木薯糖水，非常受消费者喜爱，且该品种很快成为制作木薯糖水的明星食用木薯品种。"桂热10号"的成功选育，为广西食用木薯产业的发展奠定了坚实的基础。

二是发挥科技引领效应，催化产业发展。正当广西食用木薯产业发展方兴未艾时，大量的木薯种茎涌入农村，甚至出现以次充好、品种掺杂、哄抬价格等"乱象"，给种植户和收购商带来了巨大的损失，农民的种植积极性也受到打击。为杜绝这些"乱象"的发生，广西热作所木薯团队指导企业以深加工为抓手，首创食用木薯种植、加工、销售一条龙的商业生产模式，开创了中国木薯食用产业化的先河，实现产业效益达5 000多万元，有效维护了种植户和企业的合法利益，引导地方食用木薯产业朝着健康的方向发展。为了将食用木薯产业有效引导到地方，李军团队将第一个实验示范点布置在玉林市兴业县卖酒镇。卖酒镇属典型的南亚热带季风气候，气候温和、雨量充沛、光热充足、无霜期长。该村早年以炮筒加工为主要产业，因环保问题产业停产后，农民多次尝试其他农业产业均告失败。李军团队结合卖酒村特有的自然条件、耕作传统、消费习惯及地理位置等综合条件，进行产业选择与规划，于2021年在该村布局优良食用木薯新品种"桂热10号"和"桂热13号"试种示范基地30亩，其中"桂热10号"凭借支链淀粉高、糯性强、薯形均匀等优点深受广大消费者欢迎，"桂热13号"凭借高产量、高淀粉、低氢氰酸等特性更是深受农民青睐。为进一步加快食用木薯新品种的推广，广西热作所三年来向卖酒镇赠送优良种茎超12吨，派出木薯研究团队和科技特派员共30人次，他们到现场进行技术培训和科技帮扶，并取得了良好成效。至2022年仅在卖酒村，食用木薯的种植面积达150亩，至2023年仅党州村的食用木薯种植面积已发展到约800亩。在示范点的辐射带动下，2024年卖酒镇种植食用木薯超2 000亩。仅用三年时间，兴业县全县食用木薯种植面积已达5 000亩，而且种植面积仍在迅速增加（图1）。随着食用木薯特色产业的兴起，兴业县将食用木薯产业列为全产业链产业，并加以重点扶持，并从2022年7月开始将食用木薯种植纳入以奖代补范围，脱贫人口（含监测对象）种植食用木薯1亩以上，最高每亩可获得900元补助。在广西热作所的优良品种和技术扶持下，食用木薯产业成为兴业县的特色农业产业，稳步提高了当地农民的经济收入。

图1　2024年8月中央电视台对兴业县食用木薯产业进行报道

三是发挥科技虹吸效应，延伸产业链条。随着卖酒镇食用木薯产业示范点的迅速发展，关注食用木薯产业的加工企业、销售商、媒体等也越来越多，广西热作所作为食用木薯品种选育和技术支撑单位，积极发挥桥梁纽带作用，通过多种渠道吸引产、学、研、用资源共同聚焦卖酒镇的食用木薯产业，合力推动全产业链融合发展。其间，促成集食用木薯种植、深加工和销售为一体的农业企业在卖酒镇落户，建立"公司+合作社+农户+科技"经营模式，进一步丰富了村集体经济发展模式。推动国家木薯产业技术体系食用木薯产业示范基地、国家木薯产业技术体系岗站专家工作站、国家木薯产业技术体系种苗研究基地等平台在卖酒镇挂牌成立，为当地食用木薯产业发展提质增效提供高水平的技术保障（图2）。

图2 国家木薯产业技术体系首席科学家李开绵（左四）到现场揭牌

四是发挥科技辐射效应，拓展产业布局。在兴业县取得初步成效的基础上，为加快推进食用木薯产业在广西的发展，李军团队一方面及时总结以深加工为抓手，优化食用木薯种植、加工、销售一条龙的商业生产模式，积极在广西各木薯产区开展食用木薯的种植推广工作；另一方面，加快食用木薯新品种的选育工作，为满足不同市场需求奠定基础。同时，突破木薯北移技术难题，开创热带作物木薯北上种植先河，扩大我国木薯种植区范围，打破了秦岭—淮河一线以北不能发展木薯产业的限制。成果技术在山东、江西、福建、河北、河南、浙江、重庆、湖南等省份得到推广应用，累计推广面积436.82万亩，累计新增销售额72.40亿元，累计新增利润44.17亿元（图3）。

图3 李军（右一）现场查看北移木薯结薯情况

三、主要成效

习近平总书记在二十届中央政治局第十一次集体学习时强调，科技创新能够催生新产业、新模式、新动能，是发展新质生产力的核心要素。广西热作所在以科技创新为先导，推动食用木薯产业发展的过程中，主要取得的成效有以下三个方面。

一是助力乡村振兴取得实效。依托"公司＋合作社＋农户＋科技"经营模式，形成了企业、村集体、种植户等多方利益联结机制，既为当地农民提供了就业岗位，也为农民增收开辟了新渠道。据统计，自引入食用木薯产业以来，卖酒镇全镇直接参与种植的农户达到550户，加工厂吸纳就业岗位269个，积极带动周边妇女就业，年人均收入增加20 000元以上，同时增加村集体经济收入17.5万元/年，取得了良好的社会效益和经济效益。此外，该镇卖酒村的村集体经济于2023年首次投资入股食用木薯产业25万元，当年即获分红1.25万元，收益率为5%，为发展村集体经济增加了一条周期短、风险低、回报率较高的农业项目投资渠道。

二是有效促进科技成果转化。通过总结构建卖酒镇食用木薯产业链条的经验，有助于跳出固有思维，从产业需求出发，开展科技创新工作。只有以解决产业问题为导向，所取得的科技成果才更容易在产业中得到应用，促进成果转化。例如，随着"桂热10号""桂热13号"食用木薯品种在卖酒镇的成功推广，使得广西热作所的木薯品种获得了广泛认可，以至于在2023年初出现木薯种茎紧缺的情况。2024年，广西热作所两个木薯品种权转让费共计150万元，创单个品种权转让费新高。

三是有效提升科技创新水平。在推进食用木薯产业发展的过程中所遇到的各类关键问题，有利于激发科技人员的创新思维，促进科技水平的不断提升。例如，广西热作所木薯研究团队为实现木薯自主定向杂交研究，而研发的"木薯开花调控和杂交育种关键技术创新及应用"成果于2021年荣获广西技术发明二等奖；为拓宽木薯种植范围，而实施的"木薯北移种植关键技术研发与示范推广"项目荣获2023年度广西技术发明奖二等奖。

第二部分　科技支撑干热河谷地区乡村振兴典型案例

科技支撑干热河谷地区芒果产业高质量发展

一、基本概况

　　干热河谷地区是我国热区的重要组成部分，主要分布在我国西南地区，旱季温度高、湿度低的山区河谷地带，大部分处于金沙江、澜沧江、怒江、元江、右江、南北盘江等谷地，涵盖云南、四川、广西、贵州4个省份。干热河谷地区由于特殊的地形和气候原因，山高谷深、盆地交错，土地贫瘠、水土流失严重，夏季降雨集中，滑坡泥石流等自然灾害时有发生，生态环境十分脆弱，严重影响了该地的农业产业发展，多数市县为欠发达地区。因此，因地制宜发展特色经济作物，对于当地保护生态环境、加快农业高质量发展和推进乡村全面振兴具有重要意义。自20世纪90年代起，中国热科院在四川攀枝花等干热河谷地区，围绕科技支撑芒果产业发展，开展了深入系统的工作，促进当地芒果产业"从无到有、从小到大、由弱到强"的跨越式发展，形成了我国"纬度最北、海拔最高、成熟最晚"的优质晚熟芒果产业带，成为当地农民脱贫致富的主导产业。

二、做法举措

　　一是规划超前引领。攀枝花市是中华人民共和国成立后新建的钢铁工业城市，该市地处攀西（"攀西"指攀枝花市和西昌市，下同）大裂谷的川西南和滇西北交汇处，山地占全市面积的90%以上。长期以来，山多地少是该市农业发展滞后、粮食生产困难、农民生活贫困的主要原因。而如何利用这些山地做出农民致富的大文章是当地政府长期探索的主要课题和任务。到20世纪90年代，中国热科院专家对攀枝花地区进行实地考察，发现该地区具有得天独厚的光热资源和南亚热带干热河谷气候特征，并且不受台风等自然灾害影响，具备优质芒果生产的环境条件，发展潜力巨大。经多次考察和论证，中国热科院等于1996年提出了《在攀西地区发展10万亩一流的优质芒果商品生产基地的建议》（简称《建议》），该《建议》得到了农业农村部的高度重视和攀枝花市委、市政府的大力支持，攀枝花市政府在"九五"期间把芒果生产纳入水果基地建设的重点工程。1997年3月，攀枝花市人民政府与中国热科院签订战略合作协议，确定了由中国热科院为该市常年提供芒果优良品种、技术支撑和人才培训，帮助该市做好芒果产业发展规划，确立了优先发展最适区域，提出了规模种植、连片发展、重点发展晚熟品种等产业发展策略，开启了攀枝花市等干热河谷地区芒果产业大发展的新篇章。

二是科技全面支撑。为落实院市合作精神，助推当地农业产业发展和农民脱贫致富，针对攀枝花市的科技需求，中国热科院整合全院相关科技力量，为攀枝花市芒果产业发展提供了强有力的科技支撑。先后引进20多个芒果新品种，不远千里将种苗运到攀枝花市，并免费送给当地农户栽种。通过试种，最终确定了凯特、热农1号等适宜当地发展的9个中晚熟优良品种在攀枝花市"落户"，成为主推品种（图1）。研发了花果调控、套袋、肥水调控、病虫综合管理等系列配套技术，针对性地解决了晚熟芒果的"大小年"结果、生理性病害和区域性特有病虫害等重大科技难题。"晚熟芒果生产关键技术研究与推广"和"晚熟芒果生产关键技术研究与应用"先后荣获全国农牧渔业丰收奖一等奖和神农中华农业科技奖一等奖，科技成果的高效

图1　中国热科院选育的"热农1号"芒果

转化有效支撑了芒果产业的可持续健康快速发展。

三是模式深度创新。历经近30年的不懈探索，中国热科院构建了以挂职干部为纽带、当地政府为主导、创新团队为支撑、企业或合作社为平台的

"政府+科技+企业（合作社）+农民"的"攀枝花模式"。先后派驻10批共23人次的技术骨干赴攀枝花市挂职，不间断的"火炬接力"，参与当地政府决策，协助做好规划落实，架起了专家与农业龙头企业、合作社、农户的桥梁，成功实现了"把科研成果带下去，把产业需求带回来"；创办"攀枝花新农学校"、组建"科技小院"等科技推广平台；科技培训和现场指导1 300多场，培训基层农技人员和果农5万多人次，为当地源源不断地培养了拥有新观念、掌握新技术的高素质农民。中国热科院科技支撑攀枝花市芒果产业的"攀枝花模式"成为一个响亮品牌，该模式也辐射带动了云南华坪县、永仁县、大姚县等金沙江流域，玉溪市元江县、新平县等红河流域，贵州兴义等南盘江流域以及田东、田阳县等广西右江河谷流域芒果产业的腾飞。

四是专家传经送宝。中国热科院专家秉承"授人以鱼，更要授人以渔"的科技帮扶理念，不仅带来新品种、新技术、新模式，更要把芒果科学管理、精品管理的技术融入到农民的心坎里。为了巩固脱贫攻坚成果和服务国家乡村振兴战略，助力我国晚熟芒果产业的高质量发展，中国热科院先后建成四川攀枝花研究院和广西右江干热河谷农业科技创新研究中心，并配备固定科研人员持续跟踪服务，为当地芒果产业提供源源不断的科技支撑；在广西百色田东创建"国家芒果种质资源圃"，在云南华坪协助建设"云南省芒果种质资源圃"，为我国芒果产业的发展提供"种业"根本保障。中国热科院芒果专家深深扎根于干热河谷这方热土，詹儒林研究员、高爱平研究员先后在云南华坪、元江设立专家工作站，持续为我国芒果产业的可持续健康发展输送"养分"（图2）。

图2 云南华坪詹儒林工作站

三、主要成效

一是芒果产业规模快速扩大。攀枝花市从20世纪90年代零星种植芒果1万多亩，发展至现在全市44个乡镇中有38个乡镇种植芒果，种植面积已达103万亩，年产量高达60万吨，形成了十大芒果生产片区，其中18个乡镇的芒果种植面积超过1万亩。同时，攀枝花的晚熟芒果产业辐射到了周边地区，形成200多万亩的金沙江干热河谷晚熟芒果优势产业带，使我国芒果鲜果供应期从原先最晚的8月份延长到12月份，填补了之前8—12月份我国没有芒果鲜果上市的空档期，使我国芒果鲜果实现了周年供应（图3）。

图3　攀枝花市芒果基地

二是芒果产业技术水平持续提升。芒果品种结构进一步优化，芒果良种覆盖率达到99%以上，其中，中晚熟优良品种覆盖率达到77%以上；研发推广了晚熟品种丰产优质栽培技术模式，解决了芒果生产"大小年"的问题，实现了连年丰产稳产，单产水平比2012年提高近三倍，亩产最高达3 000千克；商品果率从2012年的60%提升到现在的90%；创建了芒果标准化生产示范园13个，其中6个获得农业农村部认证；建成了百亩以上的科技示范园22个、芒果科技示范村3个，实现了芒果产业区域化、良种化、标准化。

三是当地农民收入大幅度提高。2023年，在金沙江流域，攀枝花芒果种植农户约为5万户，初步具备家庭农场适度规模条件的芒果种植大户约200

家，总产值达37亿元；华坪芒果种植面积45.9万亩，县域种植面积位居全国第一，产量44万吨，产值28.6亿元，全县有芒果种植户14 131户，芒果从业人员达7万余人。在元江流域，元江县芒果种植面积23.9万亩，产量22万吨，产值11.09亿元；新平县芒果种植面积达5.3万亩，产量3.02万吨，产值1.56亿元。芒果产业已然成为干热河谷地区农业的优势产业和当地农民致富的"摇钱树"。

科技支撑黔西南州石漠化区域农业产业生态高效发展　助力乡村振兴

一、基本概况

石漠化区域的生态发展一直是党和国家重点关注领域。2012年，国务院扶贫办、国家发展改革委联合发布《滇桂黔石漠化片区区域发展与扶贫攻坚规划（2011—2020）》"着力培育特色优势产业，着力开展以石漠化综合治理为主要内容的生态建设和环境保护，将滇桂黔石漠化片区建设成为扶贫攻坚与石漠化综合治理相结合重点区、珠江流域重要生态安全屏障。"党的十八大以来，习近平总书记从生态文明建设的整体视野提出"山水林田湖草是生命共同体"的论断，强调"统筹山水林田湖草沙系统治理""全方位、全地域、全过程开展生态文明建设"；2020年10月29日中国共产党第十九届中央委员会第五次全体会议通过了关于《中华人民共和国国民经济和社会发展第十四个五年规划和2035年远景目标纲要》，提出要"巩固提升脱贫攻坚成果，推动特色产业可持续发展，实施脱贫地区特色种业提升行动""坚持绿水青山就是金山银山理念""坚持山水林田湖草系统治理，着力提高生态系统自我修复能力和稳定性"。

贵州省黔西南州曾是全国扶贫攻坚11个重点区中唯一以"石漠化"名称命名的区域，其8个县（市）全部纳入全国96个石漠化治理重点县。该地区的芒果、澳洲坚果、香蕉、火龙果等果品品质优，芒果成熟期较广西百色晚15～20天，较四川攀枝花市早15～20天，可填补全国8—9月份无芒果上市的市场空白。在贵州省黔西南州兴义市建立核心示范基地，通过引导种植芒果和澳洲坚果，按照统筹粮经饲种植结构需求，在果园鼓励农民种植高产优质牧草，引导农民改变传统的饲养方式，助力农民增加经济收入（图1）。

图1 草畜一体化模式

通过对核心示范基地综合治理，经济效益、社会效益、生态效益显著。单项技术增产47.36％，集成技术增产60％以上，成本减少20％以上，提高收入150％以上；植被覆盖率提升33.17％，重度、中度石漠化面积减少26.98％（占示范区总面积比例）。石漠化程度呈现从重变轻的良好趋势，昔日的石质荒山已被"绿毯"覆盖，石头不见了，取而代之的是硕果累累的澳洲坚果和芒果。

该模式已推广到云南临沧、贵州黔西南、广西罗城等石漠化严重地区，建立示范基地5个，推广面积80 000亩，初步探索出石漠化土地得到治理、乡村产业得到发展的有效途径。

二、做法举措

一是深入调研摸底、统筹谋划布局。积极组织相关科研团队走遍贵州省32个热区县（市），深入调查了解该石漠化区域农业生产作物种植品种和模式，并对不同模式开展经济效益和生态效益评价，分析现有模式的优缺点。在充分调研的基础上，指导制定当地特色产业发展规划，为统筹布局贵州省石漠化区域特色作物产业绿色发展和生态治理提供智力支撑。

二是坚持因地制宜，精准分类施策。依据效益最大化原则，坚持因地制宜，按照"上管收入，中管石头，下管生态"三个层次配置作物，构建起不同程度的石漠化区域生态发展模式。在重度石漠化区域实施"果树-牧草"模式，中度石漠化区域实施"果树-牧草-畜禽"模式，轻度石漠化区域实施"果树-经济作物"模式，潜在石漠化区域实施"经济作物（牧草）-畜-沼-肥"生态发展模式。

三是建立联合团队，协同创新攻关。持续派出产业发展急需的专家团队，选派科技人员挂职当地政府分管科技工作的副职，建立了当地团队和异地团队相结合的协同创新队伍，建立起涵盖品种培育、高效栽培、绿色防控、畜禽养殖、生态循环等多领域专家队伍，针对石漠化区域土层稀薄、土壤的保水保肥能力较低、生物修复技术缺乏、资源利用率低、支撑产业发展良种不足等问题，开展联合攻关，科技支撑石漠化生态治理。

四是争取资金投入，集中力量办大事。积极争取国家和地方科研项目资金投入，撬动地方政府产业发展和美丽乡村建设等的资金投入，吸引相关企业和农民合作社的资金投入，形成财政优先保障、社会积极参与的多元投入格局，将更多资源配置到重点领域和薄弱环节，集中力量解决热区石漠化区域农业产业发展和生态保护的关键问题。

五是创新组织模式、形成长效机制。以创新联盟为依托，形成"政府+

科教+企业+合作社（农户）+基地"的产学研用紧密结合的组织模式，充分发挥科教单位的技术和人才优势，联合各级政府部门和企业，建立农民合作社，巩固扶贫成果，通过建设示范基地引领带动周边农民致富。探索建立长效合作机制，初步构建起"资源共享、成果共有、利益共享、责任共担"的运行机制。

三、主要成效

一是科技支撑特色优势作物产业发展，促进地方产业兴旺。通过引种试种，筛选出适宜在贵州兴义石漠化山地种植的芒果、澳洲坚果、油梨、牧草等优势特色作物新品种8个，研发集成山地芒果栽培技术、芒果病虫害绿色防控技术和澳洲坚果早实丰产栽培技术等系列综合配套技术7套；针对石漠化区域"石多、土少、不保水肥"的特点，研发了"石山棒棒肥缓释肥"和作物栽培保水剂施用技术；建立新型的采后芒果保鲜技术规程，通过采后保鲜处理，延缓果实软化和果皮转色，即通过延缓果实衰老达到保鲜效果，使芒果货架期可达约20天。培育地方特色优势作物产业，选育出黔热2号饲用型薏苡新品种和黔热1号芭蕉芋新品种，薏苡新品种在黔西南州推广面积达60多万亩，为轻度石漠化区域产业发展提供了新模式。优势作物品种和技术的推广，有力带动了脱贫农户增收致富。在石漠化地区，原种植的玉米亩产值不到300元，在同类地区种植的澳洲坚果投产第三年，亩产鲜果200千克，亩产值达3 000元；种植的芒果投产第二年，亩产鲜果600千克，亩产值达5 000元；种植的油梨投产第二年，亩产鲜果450千克，亩产值达1万元（图2至图4）。

图2 石漠化山地种植的不同作物

图3 不同种植模式经济效益对比

图4 石漠化区域特色经济作物

　　二是构建生态修复与高效种养可持续发展模式，促进乡村生态宜居。在贵州石漠化地区的芒果或澳洲坚果林，以优质牧草（王草、绿叶山蚂蝗、圆叶决明等）、特色地道药材（铁皮石斛、金银花）为主要配置资源，根据林下环境特点开展不同物种间生态配置技术研究，集成研发了坡地间套作种植、高光效带状种植等资源高效利用技术，构建起"上管收入，中管石头，下管生态"的"果—药""果—草""果—草—畜—沼—肥"等生态循环模式（图5）；长期定位监测石漠化山地农业生态环境及其变化，为石漠化生态利用与综合治理模式的选择提供科学依据，并评估不同治理措施的水土保持效益；鼓励石漠化农民改变传统的低效作物玉米和花生的种植模式，发展热带特色果树/牧草生态种植模式，实施小规模的圈养，既提高植被覆盖率和生物多样性，又提高水分和土壤养分的资源利用率，还优化了土壤利用结构，土地生产率提高了650～1 550千克/亩，劳动生产率提高了24.45千克/天（芒果/牧草种植模式）。当地农业生产方式得到良性循环，进一步缓解了人地矛盾，促进了乡村生态宜居。果树下间作豆科牧草每年可为果园提供优质绿肥5 000千克，种植5年以后，田房村石漠化区域土壤将增厚5厘米以上，"石漠"将变成"沃土"，"荒山"将变成"宝山"（图6和图7）。

图5　"果–草"模式生态效益显著

图6　林下种植生态效果

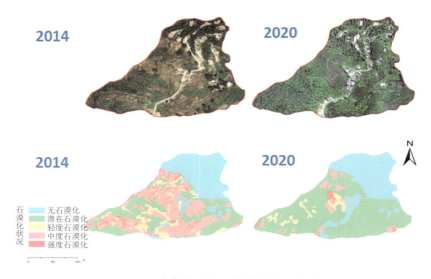

图7　田房村生态发展模式前后生态对比

三是建立核心示范基地，充分发挥示范引领和辐射带动作用。贵州省黔西南州兴义市南盘江镇田房村是一个只有37户147人的布依族小村庄，由于石漠化问题严重，当地交通路牌标注的地名就为"岩窝"，人居和生产环境恶劣，年轻人多数离家外出务工。以该村为试点，建立起石漠化综合治理示范点，汇聚各方面创新力量协同攻关，创办农民专业合作社、农家学堂、专家工作站，建立技术信息服务平台。截至2023年，田房村共种植芒果400亩、澳洲坚果256亩、林下间作豆科牧草300亩、石斛仿生种植100亩，开展小规模畜禽养殖20户；单项技术增产47.36%，集成技术增产60%以上，成本减少20%以上，提高收入150%以上，人均收入提高到5 800元以上，实现了全面脱贫；植被覆盖率提升33.17%，重度、中度石漠化面积减少了26.98%（占示范区总面积的比例）。进入田房村映入眼帘的是一幅"果上山、藤（药）盖石、草盖地、畜吃草、粪还田、农民富、乡村美"的景象，石头荒山变成了绿水青山，昔日"岩窝"也变成了"金窝银窝"。在该示范基地多次召开现场观摩会，其发展模式得到了各层面的高度认可。同时，通过田房村的示范，该发展模式已经推广到云南临沧、贵州黔西南、广西罗城等石漠化严重地区，建立示范基地5个，推广面积达8万亩（图8）。

图8 田房村旧貌换新颜

科技支撑云南省怒江傈僳族自治州草果产业高质量发展

一、基本概况

云南省怒江傈僳族自治州是我国重要的生态功能区，生物种类丰富，属"三江并流"世界自然遗产腹地，境内森林覆盖率达75.64%。境内有高黎贡山国家级自然保护区和云岭省级自然保护区。全州地域总面积中98%以上是高山峡谷，耕地面积少，垦殖系数不足5%，制约了当地传统农业产业的发展。草果为姜科豆蔻属多年生草本植物，药食同源，其果实具有燥湿除寒、祛痰截疟、消食化积等功效。草果喜生长于高海拔温凉环境，主要分布在我国云南、广西和贵州地区，种植面积超过240万亩，越南和老挝北部也有生长。其中，云南是我国草果主产区，草果种植面积和产量均占全国90%以上，特别是在"三区三州"之一的云南省怒江傈僳族自治州（以下简称"怒江州"），草果种植面积达111.45万亩，占全国种植面积的一半以上，从事第一产业的百姓超过16万人，约占全州人口的1/3，是当地经济收入的主要来源和百姓增收的优势产业。

二、做法举措

一是科技全面支撑。针对怒江州的科技需求，中国热科院香饮所整合全所相关科技力量，为怒江州草果产业发展提供强有力的科技支撑。开展草果种质资源收集保存30份，通过种质资源鉴定评价，筛选具有高产、优质等性状的优良品系，并进行区域性试验；分析怒江州不同海拔、不同产量水平下草果种植园的土壤状况、草果养分及产量状况，明确相关因素对土壤养分及植株的影响；通过对草果水分、养分需求规律的研究，研发草果水肥一体化技术；在泸水市鲁掌镇三河村建立标准化种植示范基地1个，示范面积30亩。研究制定草果初级及精深加工产品的相关标准，建立从原料到成品的一系列过程品控标准，制定行业标准《草果》1项，企业标准3项，分别为《草果膏加工技术规程》《草果速溶茶加工技术规程》和《草果漱口水加工技术规程》，确保怒江草果等香料产品品质稳定。

二是模式深度创新。近五年，中国热科院构建了以挂职干部为纽带、当地政府为主导、创新团队为支撑、企业或合作社为平台的"政府+科技+企业（合作社）+农民"的模式，先后派驻6名干部及技术骨干赴怒江州挂职，协助做好规划落实，架起专家与农业龙头企业、合作社、农户的桥梁，成功实现了"把科研成果带下去，把产业需求带回来"；还派出多名科研人员深入怒江州开展产业调研、技术培训、技术指导等工作，助推怒江州以草果为主的绿色香料产业转型升级。开展科技培训和现场指导50多场，培训基层农技人员和种植户3 000多人次。

三是专家传经送宝。中国热科院香饮所专家秉承"授人以鱼，更要授人以渔"的科技帮扶理念，不仅带来了新品种、新技术、新模式，更要把草果科学管理、精品管理的技术融入到农民的心里。中国热科院香饮所先后设立"云南省谷风林专家工作站"和"云南省郝朝运专家工作站"，并配备固定科研人员持续跟踪服务，为当地草果产业提供源源不断的科技支撑，持续为我国草果产业的可持续健康发展输送"养分"。

三、主要成效

2023年全球减贫伙伴研讨会在北京亮马河会议中心举行，第四届全球减贫案例征集活动最佳案例名单正式发布。中国热科院香饮所与农业农村部澜湄农业合作中心联合申报的《草果香飘密支那　缅北不见罂粟花——中国与缅甸示范种植草果替代罂粟合作案例》荣获第四届全球减贫案例征集活动最佳减贫案例，并将其收录进"南南合作"减贫知识分享网站——中外减贫案例库及在线分享平台。2021年以来，在农业农村部国际合作司的指导下，中国热科院香饮所相关专家承担的亚洲区域合作专项资金项目"湄公河次区域胡椒和草果等特色香辛料作物产业技术试验示范"，项目组与中资企业在缅北地区联合开展草果替代罂粟种植工作。截至2023年，已在缅甸示范种植草果1 200余万株，面积2 000余公顷，合作企业累计收购草果800多吨，带动当地农民增收约 1 500 万元人民币。此外，还设立了公益基金，帮助当地改善基础设施、教育条件和卫生条件，助力当地农民生产、生活和教育水平提升。草果替代罂粟种植对改变缅甸北部地区贫穷落后的状况，促进当地经济可持续发展以及对亚洲区域和世界禁毒事业起到了积极的推动作用。

> ## 科技支撑云南省怒江傈僳族自治州
> ## 福贡草果产业高质量发展

一、基本概况

20 世纪 70 年代云南省怒江傈僳族自治州（以下简称"怒江州"）引进种植草果。通过历届党委政府和广大群众的不懈努力，截至 2023 年全州草果种植面积达 111.45 万亩，挂果面积 52 万亩，鲜果产量约 4.75 万吨，产值突破 15 亿元，产量及种植面积均占全国的 55.7%，是我国草果核心产区和云南最大的种植区。种植区域涉及全州 21 个乡镇 116 个村委会，直接带动沿边泸水、福贡、贡山 3 个县市的傈僳族、怒族、独龙族、普米族等 22 个民族、4.31 万户、16.5 万人增收，是怒江州带动力最强、辐射面最广、贡献率最大的支柱产业。但怒江州草果产业发展水平滞后，种植端管理粗放，加工端产品缺乏，品牌端建设滞后，科技研发不足、产业链短、产业科技支撑体系不完善，导致怒江草果种植普遍存在靠天吃饭、质量参差不齐、病虫害常发、经济效益不高等问题，影响群众种植积极性。中国热科院加工所围绕怒江福贡县草果高质量发展，深入推进草果提质增效，促进了当地草果从种植到加工的全面升级，为怒江巩固拓展脱贫攻坚成果和有效衔接乡村振兴提供了有效科技支撑。

二、做法举措

一是发挥技术优势，服务产业发展，推动草果产业拓展升级。中国热科院加工所积极发挥特色香料加工优势，先后开发了草果福酒、草果健胃片、草果日化品、草果糖果、香卤草果等13款加工产品，其中有5款产品上市，为草果产业链延伸、提升品质、提高附加值做出了有益探索，并取得了积极成效。同时，中国热科院加工所积极参与和加强草果加工基础研究，揭示草果健胃消食、抗菌消炎等方面的作用机理，为草果加工提供理论支撑；为推动草果干燥技术升级，中国热科院加工所科技人员积极参与怒江草果绿色节能干燥技术的推广示范，积极协助福贡县农业农村局开展草果热泵干燥、生物质热能干燥的示范建设，技术指导建设草果热泵干燥5台、生物质热能干燥20余台；积极推动草果标准体系建设，参与制定《草果》行业标准，申报《草果干燥技术规程》行业标准；为推动怒江州农业品牌建设，协助福贡县马吉乡和上帕镇达普洛村分别申报并获批草果和茶叶全国"一村一品"示范村镇；同时，推动了福贡国家级草果种质资源圃建设，助力草果种业发展，加强技术支撑，推动园区建设取得重要进展（图1）。

图1　草果科研基地

二是立足产业需求，解决产业问题，助力草果产业健康发展。围绕福贡县农业产业和企业主体，科技人员主动到农业生产一线和企业一线，了解产业发展中遇到的问题，解决企业生产中的技术难题，与福贡县云能产业开发有限公司、石月红茶、怒江峡谷优果农产品有限公司、怒江山如画健康产业有限公司等10余家农业企业建立了良好的关系，与怒江峡谷优果农产品有限公司等企业建立起长期的科技帮扶机制，并与怒江山如画健康产业公司成立科企联合科技创新中心，解决企业技术问题8项、联合企业申报项目2项、推广示范技术4项；针对草果种植中的病虫害问题，中国热科院加工所积极开展相关研究和推广示范，在福贡县亚坪村、布腊村建设草果病虫害防治科研示范基地3个，开展病虫害防治基础研究和示范推广5.5万亩，辐射福贡全县56万亩，联合相关单位探究了草果叶枯病、叶瘟病、萎蔫病等相关病害发生的基础理论及防治示范；首次探明了草果主要虫害木毒蛾、舞毒蛾的发生规律和防治技术，提出了全过程防控措施，为草果虫害的高效防治提供了有力的技术支持。2021—2024年帮助福贡县有效解决了草果虫害的大规模发生问题，并取得了良好效果，获得农户的一致好评；同时积极开展农业技术推广培训，针对草果病虫害防治和草果科学种植管护，开展技术培训100余场次，超10 000人次参加，积极普及农业科学知识，提升农户技术水平，做农民群众的贴心技术推广员，积极指导草果种植户开展科学种植、病虫害绿色防控、科学田间管理（图2）。为加强与怒江政府的合作，中国热科院加工所采用"政府+科技"的方式，实施了福贡县草果提质增效项目，进一步把草果科学种植技术在广大农户中推广示范，为福贡县草果产业健康发展贡献力量。

图2　草果虫害防治技术培训

三是发挥资源优势，强化人才服务，智力支持怒江农业发展。中国热科院加工所以怒江特色香料为纽带，建立了12人的特色香料研究团队。该团队积极投入到草果等香料的基础和应用研究，并鼓励科研人员深入草果产业、服务草果产业、建设草果产业。3年来，中国热科院加工所科技人员到怒江开展科研工作100余人次，研究成果在福贡推广示范，比如研究草果如何保鲜来解决草果贮藏问题、草果精油功能拓展应用研究，以及针对草果虫害防治开发了精油微胶囊绿色杀虫剂，并在福贡示范应用。为加强和怒江的合作，中国热科院加工所持续强化对怒江的人才服务，2023年联合怒江绿色香料产业研究院建设了云南省李积华专家工作站（图3），通过工作站平台将团队更多科研人员带到怒江，参与怒江草果相关技术攻关；同时，为加强技术服务，中国热科院加工所派了2名科

图3　云南省李积华专家工作站

研人员长期入驻怒江，开展草果科技推广服务和科学研究工作，及时为草果产业发展提供科技支撑。为加强对草果企业的科技服务，中国热科院加工所采用兼薪兼职模式派驻科技人员1名到怒江峡谷优果农产品有限公司开展草果相关技术服务，推动企业技术升级。5年来，中国热科院加工所科技人员深入怒江田间地头开展科技工作的事迹被怒江日报、云南日报、农民日报等多家媒体广泛报道，为持续加强怒江人才支撑提供了动力。

三、主要成效

一是草果产业不断升级。2019年以来，福贡县草果从种植端到市场端全面提升，全县大力实施草果提质增效，草果产量提升20%以上，草果产值从2019年的1.6亿元增加到2023年的3.8亿元。全县草果产地实现绿色节能干燥比率从2019年的空白提升到2023年的50%以上，草果精深加工从2019年的空白逐步实现精深加工业的起步发展，研发了草果精深加工产品13款，其中5款产品实现产业化，填补了草果精深加工的空白。

二是科技水平不断提升。围绕福贡县草果产业发展中存在的种植和加工等

方面的问题，中国热科院加工所组织科研力量，开展怒江草果病虫害研究和科学防治技术推广；开展草果提质增效，实现草果科学施肥、科学开展病虫害防治，培训种植户10 000余人次；建成草果病虫害科研示范基地3个，面积1 000余亩，全县草果病虫害防治率达80%以上，种植户科学管护意识全面提升。

三是草果效益不断增加。通过草果提质增效，福贡县草果产量提升20%以上，有效解决了草果广种薄收的问题，农户种植效益显著提升，实施草果提质增效区域5 000余户，农户户均增收2 500元以上。通过大力推广绿色节能干燥，实现草果品质提升，绿色干燥草果价格增长10%以上，5年来帮助福贡企业和合作社增加经济效益超1亿元。

科技支撑石漠化区种养绿色循环发展

一、基本概况

云南省文山壮族苗族自治州是滇桂黔石漠化集中连片的重点分布区，全州岩溶面积2 025.30万亩，占全州面积的43.07%，岩溶面积居云南省第一位，需要治理的石漠化面积1 514.92万亩。石漠化的发展，不仅是区域生态恶化、经济落后、社会贫困的根源，而且影响到民族的团结、群众的生存、社会的稳定。因此，继续加大对石漠化的综合治理不仅可以改善生态环境，而且还可以与区域产业结构调整、经济发展方式转变结合起来，遵循自然规律，挖掘和利用特色作物"名、特、优、新"特性，充分利用优势资源，将特色作物培育成为高效益的特色产业，使之成为农民增收新的经济增长点和区域经济的支柱产业，帮助各族群众实现脱贫致富奔小康的梦想，这是石漠化地区广大人民群众的迫切愿望。文山州农业科学院与中国热科院刘国道专家团队合作建设"文山州刘国道专家工作站"，共同实施农业农村部农业技术试验示范与服务支持项目——滇桂黔石漠化地区特色作物产业发展关键技术集成示范，建立"滇东南石漠化区特色作物产业发展关键技术综合试验站"，在文山州西畴县三光石漠化区构建"果—草—畜（禽）—肥"绿色循环发展模式，解决石漠化治理与产业发展矛盾的突出问题（图1）。

图1　石漠化区"生态治理与农林草畜"绿色产业循环发展示范基地

二、做法举措

一是建立"六子登科"石漠化综合治理模式，破解"一方水土难养一方人"难题。在小流域的综合治理石漠化土地上，整合了退耕还林、封山育林、植树造林、农村能源、人畜饮水、农田建设、易地搬迁等工程，并取得了明显成效。总结出"山顶戴帽子、山腰系带子、山脚搭台子、平地铺毯子、入户水沼子、村庄移位子"的"六子"思路，为全州石漠化综合治理积累了宝贵经验。

二是探索"生态＋"发展新路子，破解石漠化地区生态修复与经济发展双赢难题。生态治理，实现在"治理中保护"。三光片区在"六子登科"石漠化治理模式的基础上，围绕"山、水、林、田、路、电、村、产业"等内容，实施生态修复、基础设施建设、土地整治、村庄美化、扶贫安居、产业发展等项目。生态补偿，实现群众"保护中增收"。实现森林、耕地等重点领域、重点生态功能区等重要区域生态保护补偿全覆盖，补偿水平与经济社会发展状况相适应。生态开发，打造林农"复合"模式。构建"林—禽"模式、"林—药"模式、"林—果"模式等林农复合模式。生态修复，打造"开发中保护"模式。突出资源生态环境监管，着力实施生态修复、基础设施建设、土地整治、村庄美化、扶贫安居、产业发展等项目，打造形成了云南全省"土地整治连片、产业设施配套、生态修复良好、村庄美化亮化、农民素质提升"的石漠化综合治理示范区，实现生态效益、经济效益、社会效益均增加的三赢目标。

三、主要成效

一是促进石漠化区产业发展。构建石漠化区"果—草—畜（禽）—肥"绿色循环发展模式（图2），带动当地发展猕猴桃种植5 000亩、养殖肉牛200头、西畴乌骨鸡10 000羽，促进石漠化区农业产业结构调整，带动当地农户就地就业，促进乡村振兴。

二是保护石漠化区生态环境。林下种草养鸡，保水保肥，石漠化山地种草养牛，粪尿发酵还田。构建石漠化区"果—草—畜（禽）—肥"绿色循环发展模式，减少水土流失50%以上，土壤有机质含量每年增加0.7%，降低农药、化肥、抗生素的使用量，减少环境污染。

图2　猕猴桃林下种草养鸡

第三部分 科技支撑特殊类型中国热带地区乡村振兴典型案例

科技助推藏东南（墨脱县、察隅县）热作资源收集保护与特色作物资源挖掘

一、基本概况

农业种质资源是保障国家粮食安全与重要农产品供给的战略性资源，是农业科技原始创新与现代种业发展的物质基础。2021年3月23日，中共中央政治局委员、国务院副总理胡春华在全国农业种质资源普查电视电话会议中强调，"做好种质资源普查和保护是打好种业翻身仗的第一仗。要抓紧对农业种质资源进行彻底的普查，尽最大努力提高普查覆盖面"。2021年5月7日，胡春华副总理视察中国热科院时指示，要在西藏墨脱县加快资源的抢救性收集。为深入贯彻落实胡春华副总理和农业农村部的重要指示精神，中国热科院迅速行动，组织科技力量，启动"揭榜挂帅"项目——"藏东南（墨脱县、察隅县等）热带生物种质资源收集与保护"，扩大范围深入开展藏东南热区热作种质资源抢救性调查收集，查明热带生物资源本底情况，抢救性收集一批珍稀优异热作资源，加快推进创新利用评价，为西藏墨脱等地的热作产业发展和乡村产业振兴提供重要支撑。

二、做法举措

一是党建引领，统筹部署。胡春华副总理来中国热科院视察后，中国热科院党组迅速行动，成立了由院党组书记崔鹏伟担任组长的西藏热带作物种质资源调查收集领导小组，并部署召开工作推进会，明确各方工作

责任。

　　围绕调查工作，负责牵头组织调查的中国热科院品资所党委经研究成立了西藏调查队临时党小组（图1和图2），在调查收集工作中充分发挥战斗堡垒作用，实现党建与科考工作共促进，为各项工作的顺利完成提供了坚强的政治保证。

图1　中国热科院党组书记崔鹏伟领队赴墨脱县调研

图2　成立西藏调查队临时党小组

　　二是协同创新，有效推进。为推进西藏墨脱县热带作物种质资源调查与抢救性收集工作，组建了由中国热科院以及西藏自治区农牧科学院、西藏自治区农牧学院共27名种质资源专家所组成的调查组，下设野生果树、药用植物、饲用植物、大型真菌、野生蔬菜和保育驯化6个小组。团队成员具备植物分类学、种质资源学的深厚知识功底，

图3　西藏墨脱县种质资源考察组

在植物引种和保育研究方面经验丰富（图3）。

三、主要成效

一是基本掌握墨脱县热带植物资源情况。德兴乡—果果塘方向，植被以中山亚热带常绿阔叶林和低山半常绿热带季雨林为主，有野蕉、尖苞柊叶、姜花属、豆蔻、椭圆叶汉克苣苔、穿鞘花、冷水花属、楼梯草属等草本层，以及中平树、阿丁枫、鸡嗉子榕、小果紫薇、叶轮木、破布木、钝齿鱼尾葵、尖子木、红花山牵牛、波叶山蚂磺等热带建群种。墨脱镇—仁钦崩方向，以中山亚热带常绿阔叶林为主，有阿丁枫、水东哥、鹦哥花、不丹松、水红木、西藏斑籽木、牛奶子、白蚂蚁花、星毛锦香草、朱砂根、滇姜花、异腺草、墨脱豆蔻、香豆蔻、栝楼属等。背崩乡—派墨公路—西让村方向，主要是以野蕉、尼泊尔桤木和阿丁枫为主的热性植物群落，代表品种有血红蕉、桫椤属、钝齿鱼尾葵、小花桄榔、墨脱花椒、海南粗榧、破布木、闭荚藤、三裂叶野葛、秋海棠属、华丽芒毛苣苔、豆蔻属、姜花属、姜黄等植物。达木乡、格当乡方向，低山区域主要以低地草甸和沟谷植被为主，中部以上是以阔叶、针叶混交植被为主，代表性植物资源有狼尾草、类地毯草、穄子、枫杨、滇丁香、昂天莲、滇结香、鸡嗉子榕、美丽梧桐、三棱瓜、栝楼等。

二是抢救性收集了一批特色作物种质资源。调查启动以来，共采集热带作物资源样本 2 806 份和大型真菌资源样本 1 036 份。资源样本包含活体植株、种子、腊叶标本、分子样本以及养分分析材料等，基本涵盖墨脱地区民族植物利用资源和大型真菌资源。

调查收集到的国家级重点保护植物有海南粗榧（图 4）、桃儿七、长柱重楼（图 5）、金线兰、密花石斛、金耳石斛、手参、血叶兰、疣鞘独蒜兰、小果紫薇、金荞麦、野大豆和西藏大豆蔻。

调查收集墨脱县特有植物有南迦巴瓦凤仙、小果紫薇、三棱瓜、西藏裂瓜、巨型秋海棠、锡金秋海棠、西藏核果茶、西藏蒲桃、西藏斑籽木、盾基冷水花、密花火筒树、铜钱叶白珠、墨脱牛奶菜、凸尖青蛇藤、墨脱玉叶金花、长萼蛇根草、藏南金钱豹、毛萼芒毛苣苔、红花山牵牛、西藏鳞果草、香豆蔻、墨脱豆蔻（图 6）、西藏大豆蔻、小花桄榔、丝须蒟蒻薯、藏咖啡（图 7）等。

图4 海南粗榧，国家Ⅰ级

图5 长柱重楼，国家Ⅱ级

图6 墨脱豆蔻

图7 藏咖啡

收集杖藜、穇子（图8）、黄瓜（图9）、香橼、香桂、墨脱花椒（图10）等乡土特色作物14种。大型真菌资源调查收集中，分离纯化了灵芝、虫草、蜜环菌、美味扇菇等珍稀食药用菌菌种65株。

图8 穇子

图9 黄瓜

　　三是发现和发表一批墨脱新记录物种。调查发现被子植物新品种2个，中国新记录属1个，中国新记录种2个。大型真菌调查收集中，鉴定发现新种6个，中国新记录种5个和西藏新记录种10个（图10至图13）。

图10　发表新物种，墨脱胡椒

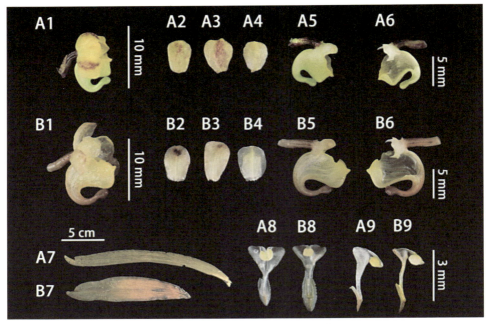

图 11　发表新物种，墨脱叉喙兰

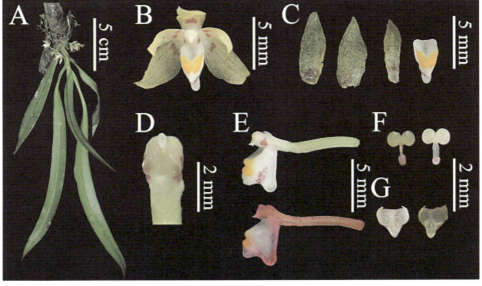

图 12　中国新记录属及新记录种，短头兰属短头兰

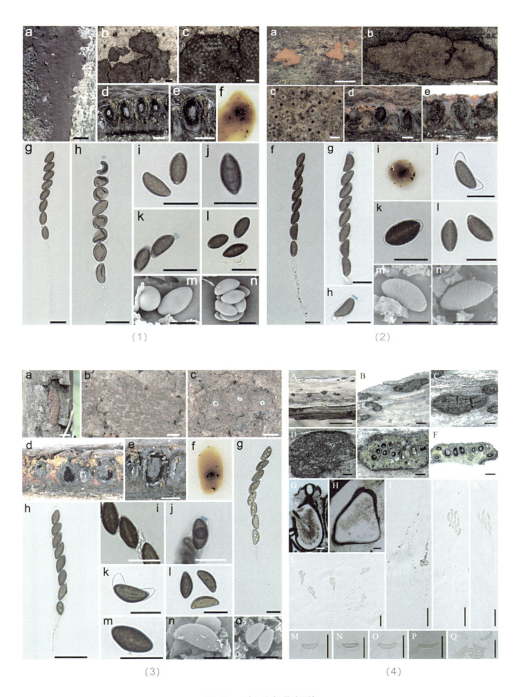

图 13　大型真菌新种

四是挖掘墨脱特色资源，科技示范助力乡村振兴。墨脱热带生物资源调查收集取得了阶段性成果。针对墨脱特色作物资源开发与利用，先后开展了墨脱豆蔻、墨脱花椒、墨脱虎头兰及大型真菌等的繁育及评价利用研究。其中，大型真菌资源中分离到食药用菌菌种65株，对经济价值高、商品性状优良的菌株进行了驯化选育研究，成功掌握了肺形侧耳的栽培技术。肺形侧耳的菌种采自墨脱格当乡，目前已完成菌种纯化及驯化，并于2023年成功将菌种返回原产地开展示范生产，这将有助于提高当地居民的经济收入，还有望促进当地农业的可持续发展（图14）。

图14　成功驯化的肺形侧耳返回墨脱示范生产

第四章

经验启示

一、瞄准国家重大战略需求，政产学研协同推动

中国热科院面对中国热区和世界热区农业农村发展对科技的迫切需求，以"强实力、扩影响"为工作主线，始终坚持以习近平新时代中国特色社会主义思想为指引，面向世界科技前沿、面向经济主战场、面向国家重大需求、面向人民生命健康，全面提升科技供给能力，支撑引领热区乡村振兴，加快推进农业农村现代化。

瞄准国家重大战略需求，立足主责主业，重点研究天然橡胶、甘蔗、木薯、香（大）蕉、热带木本油料、热带果树、热带蔬菜花卉、热带香料饮料、热带草业与养殖动物、特色热带经济作物等十大对象，聚焦热带作物科学、热带农业资源与环境科学、热带植物保护与生物安全科学、热带草业与养殖动物科学、热带农业工程科学、热带农业经济与乡村治理六大学科集群，建设包含约80个创新团队的热科院创新工程。

围绕热区乡村振兴重大需求，着力开展基础前沿研究和关键核心技术攻关，加快科技成果转移转化，为热区乡村振兴和农业农村现代化提供高质量科技供给。实施一批重大科技工程。建设天然橡胶大科学工程，服务国家战略安全。实施科技支撑热区农田效益提升和热带粮食作物提质增效工程，服务国家"藏粮于地、藏粮于技"战略。打造重要热带作物种业中心，实施热带作物种业科技工程，服务国家种业安全。开展科技支撑甘蔗、热带水果、香辛饮料、木本油料等作物产业升级行动，实施旱作农业科技工程，推动热带农业科技创新取得更大突破。创新一批关键技术模式。针对制约热带农业产业升级的全局性重大瓶颈问题，重点在热带农业品种改良、节本增效、绿色防控、农机农艺融合、农产品精深加工、农业大数据等重要领域攻克一批关键核心技术，研发集成配套技术体系，支撑引领传统热带农业向现代热带农业转型升级。转化一批科技创新成果。实施科技服务网络计划，围绕地方和产业需求，开展技术攻关和技术转移示范，重点研制推广一批经济性状突出、发展潜力巨大的热带农业优良新品种，研发推广一批技术含量高、市场前景好的新肥料、新农药、新产品、新装备，集成推广一批区域特点鲜明的成果转化典型模式，加快打造一批"一镇一特""一村一品"热带农业产业品牌。特别是，在海南实施"一所对一县"行动计划。

2023年中国热科院率先在海南实施科技支撑县域经济"一所对一县"行动，院属各单位积极与海南省各市县精准对接，形成"一对一"定点帮扶机制，科技服务团主动深入市县调研，梳理产业发展堵点难点，明确了科技支撑地方产业发展方向，推广了一批新品种新技术，为促进海南热带特色高效农业可持续发展和乡村全面振兴发挥了积极作用，并得到农业农村部张兴旺副部长、海南省省委冯飞书记、海南省顾刚副省长、谢京副省长等领导的肯定性批示。实践证明，实施"一所对一县"行动，是科技支撑热带农业高质量发展和乡村全面振兴的有效举措和有力抓手。中国热科院作为国家级热带农业科研单位，始终坚持立足海南热区、服务中国热区，实施了科技支撑白沙橡胶、怒江草果、攀枝花芒果等产业发展高效行动，为地方政府顺利完成脱贫攻坚任务发挥了积极作用。

（一）"一所对一县"行动计划

中国热科院深入贯彻落实习近平总书记"做强做优热带特色高效农业"重要指示精神，全力助推乡村振兴战略，落实海南省委第八次党代会精神和沈晓明书记在各市县调研时的指示，实施科技支撑海南县域经济"一所对一县"行动计划，创新工作机制，服务海南热带特色高效农业提升，促进海南县域经济高质量发展，全面推进海南乡村振兴和农业农村现代化发展，加快全球热带农业中心建设。

（二）主要目标及思路

通过"一所对一县"工作机制，实现地方政府、科教单位、"农民+农企"三方在促进农业产业创新发展的深度融合，切实加强"提质增效转方式、增产增收可持续"的农业科技精准供给，培优支柱产业、做强特色产业，破解科技与经济"两张皮"问题，打造"可复制、可推广、可持续"的乡村振兴模式和海南样板（图1）。

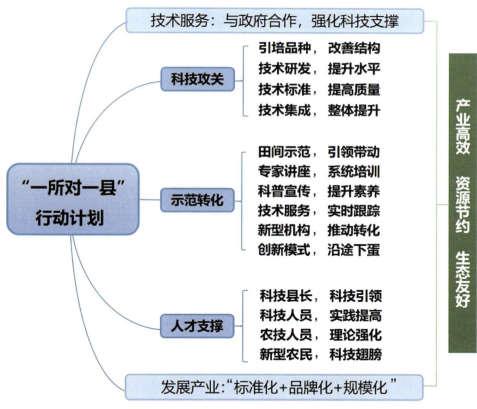

图1 "一所对一县"行动计划框架图

以海南省18个市县农业发展需求为中心，结合科教单位研究领域和学科方向，选定一个研究所对接一个县（市），选派一名专家挂职科技副县（市）长，发挥专业优势，结合行政保障，有效衔接各市县产业发展需求和科教单位科技创新职责，实现"三农"工作"一盘棋"。

（三）具体做法

1.构建"政府＋科研＋产业"深度融合机制

通过三方深度融合机制创新，实现三个"精准"。一是精准制定农业政策。科技专家挂职副县（市）长，发挥熟悉产业发展现状和科技创新的优势，助力地方政府制定和实施农业政策。二是精准对接产业需求。科研团队深入生产一线，与农民、农企建立互信关系和紧密联系，及时便捷地了解产业需求，找准科技攻关和社会服务的突破点。三是精准开展科技创新。科教单位围绕产业发展需求，针对性开展科技攻关，将科技成果从实验室送到田间地头（图2）。

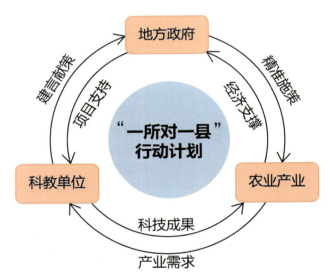

图2　"政府＋科研＋产业"深度融合示意图

2.构建以项目为抓手的科技攻关机制

聚焦产业发展卡点难点，建立多方联动的"揭榜挂帅"科技攻关机制，将产业需求项目化，统筹省内外科技力量开展联合攻关，实现产业需求与科技创新零距离。

3.构建高效科技成果示范与转化机制

创新科技成果"沿途下蛋"高效转化机制，建立多元化技术服务模式和长效机制，分区域、分产业建立高标准科技成果转化示范基地，实现科技成果与产业化应用零距离。

二、支撑产业及重要任务

根据《海南省"十四五"推进农业农村现代化规划》《热带优异果蔬资源开发利用规划（2022—2030)》，针对18个市县农业产业发展现状和具体需求，每个市县选择1～4个产业作为重点支持对象，主要包括天然橡胶、槟榔、椰子、香蕉、芒果、冬季瓜菜、茶叶、沉香、咖啡、胡椒、甘蔗、文昌鸡、黑猪、渔业、特色种养等产业。

（一）做强做优县域经济，解决海南农业产业发展"同质化"问题

围绕县域农业产业发展需求和乡村本土特色，实施县域优势特色产业提升行动。突破一批热带作物生产关键共性技术，科技支撑企业与农户共创"土字号""乡字号"产品品牌，优化产业结构，加快推进县域农业产业升级跨越，实现优势农产品的区域布局。

（二）加强科技联合攻关，解决科技创新与产业发展"两张皮"的问题

立足地方资源禀赋和比较优势，围绕县域支柱、特色产业，聚焦制约产业发展的瓶颈问题，构建创新联合体，建立多方联动的"揭榜挂帅"科技攻关机制，以项目为抓手统筹科技力量开展联合攻关，强化产业急需的关键核心技术供给，充分发挥全省农业高质量发展的引领支撑作用。

（三）促进成果高效转化，解决县域农业"大而不强、特而不优"的问题

与地方政府和龙头企业共建新型研发机构，依托现有农业产业园区、产业集群、产业小镇等构建科研创新与成果转化综合体，分区域、分产业建立示范基地，提供手把手、面对面的技术服务，推动科技成果沿途转化，建立

科技成果"沿途下蛋"高效转化机制。

（四）加强人才精准培养，解决县域农业人才"后劲不足"的问题

实施乡村振兴人才培育工程，挂职科技副县（市）长负责联系科教单位、科研团队以及产业体系、专家工作站等资源，形成集团作战模式；多措并举加强农技推广人员、农业经营主体带头人、乡村治理人才等农业人才培养，"输血"与"造血"相结合，为乡村振兴提供精准的人才供给。

三、保障措施

（一）组织保障

在海南省委农业农村工作领导小组的带领下，成立专项工作小组，协调各项工作落实。省委组织部统一安排科技副县（市）长挂职岗位，中国热科院、海南大学、海南省农业科学院等科教单位选派优秀科技人员挂职科技副县（市）长。

（二）经费保障

中国热科院等科教单位深入各县（市）调研，明确产业需求，选准产业重点攻关方向，推动科技成果高效转化；海南省科技厅、农业农村厅、林业局等部门会同各县（市），设立"揭榜挂帅"农业专项经费支撑科技攻关。

（三）机制保障

建立地方政府、农业企业、科教单位一体化合作机制，三方定期会商，解决工作难点；科教单位与海南省各县（市）、龙头企业共建新型研发机构，打通成果转化"最后一公里"；建立由企业和地方政府等用户为主导的评价和纠错机制，及时调整、共同矫正。

四、具体成效

（一）开展"一所对一县"行动是科技服务乡村产业发展的有效手段

党中央、国务院高度重视乡村产业发展。党的二十大报告中强调："加快建设农业强国，扎实推动乡村产业、人才、文化、生态、组织振兴。"2023年中央一号文件提出，"健全乡村振兴多元投入机制。坚持把农业农村作为一般公共预算优先保障领域，压实地方政府投入责任。""实施乡村振兴人才支持计划，组织引导教育、卫生、科技、文化、社会工作、精神文明建设等领域人才到基层一线服务，支持培养本土急需紧缺人才。"2024年中央一号文件提出，要"促进农村一二三产业融合发展。坚持产业兴农、质量兴农、绿色兴农，加快构建粮经饲统筹、农林牧渔并举、产加销贯通、农文旅融合的现代乡村产业体系，把农业建成现代化大产业。鼓励各地因地制宜大力发展特色产业，支持打造乡土特色品牌。"2023年4月11日，习近平总书记在柏桥村考察调研时指出："发展特色产业是实现乡村振兴的一条重要途径，要着力做好'土特产'文章，以产业振兴促进乡村全面振兴。"这些重要论断和重大部署深刻揭示了乡村产业发展的规律，为科技支撑乡村产业振兴指明了前进方向和发展要求。

党的二十大提出，要"以国家战略需求为导向，集聚力量进行原创性引领性科技攻关，坚决打赢关键核心技术攻坚战。""深入实施种业振兴行动，强化农业科技和装备支撑，健全种粮农民收益保障机制和主产区利益补偿机制，确保中国人的饭碗牢牢端在自己手中。"2024年中央一号文件提出，"强化农业科技支撑"。优化农业科技创新战略布局，加快推进种业振兴行动，完善联合研发和应用协作机制，加大种源关键核心技术攻关，加快选育推广生产急需的自主优良品种。开展重大品种研发推广应用一体化试点。要突出应用导向，强化各环节协同攻关，围绕能做出增量的领域开拓新型应用场景，推进技术攻关、系统集成和推广应用，促进科研和产业深度融合。

农业现代化，关键是农业科技现代化。为加强农业与科技融合，推动产业振兴、人才振兴和生态振兴，按照"优先发展农业农村，全面推进乡村振兴"总体要求，中国热科院围绕实施乡村振兴战略和创新驱动发展战略部署，组织全院农业科技力量，聚焦县域农业农村发展实际需求，在海南发起了科技支撑县域经济"一所对一县"行动，引导科技、人才、资本、信息等要素向县域集聚，激发县域经济活力，推动品种培优、品质提升、品牌打造和标准化生产，促进农业绿色转型和高质量发展。

（二）科技支撑海南县域经济"一所对一县"行动进展顺利

2023年5月，在海南省委、省政府的支持下，中国热科院启动"一所对一县"行动计划，拉开了中国热科院与海南省各市县深度合作新篇章的序幕。该行动启动以来，中国热科院院属各研究所（站）主动与海南省各市县对接，与18个市县签订了科技合作协议，并组织科技服务团深入生产一线调查研究，形成调研报告20余份；培养高素质农民和基层农技人员865人；为地方政府和企业提供技术指导、咨询、培训等300余次，服务人数达5.1万人次。

全方位交流互动，建立院地合作高效机制。中国热科院主动与海南省18个市县对接，全部签订战略合作协议并开展交流调研活动30余次，院地互动常态化发展。推进科技服务团体系建设。至今累计组建30余个科技服务团，深入热区各市县生产一线调研产业现状和技术需求，为地方政府梳理产业发展方向，提供智库服务。加强院地人员交流频次。选派科技人员挂任三亚天涯区、琼中等县（区）副职，挂任市县副局长、副镇长、科技特派员。

多层次谋篇布局，全链条提供科技服务。立足各市县产业发展现状，结合资源禀赋，积极参与市县产业规划设计，梳理产业发展方向。积极为产业延链强链提供智力支持。向有关部门提供《天然橡胶林下经济发展问题报告》等产业发展报告、产业方案、产业规划等89份，为琼中等市县开展农业文化遗产申报、现代农业产业园创建、农产品综合检验检测认证、农业资源绘制等支撑服务；搭建乡村产业发展"支点"。在临高建立海南省凤梨种业科技创新平台，在文昌建设"国际椰子研究组织""国家热带木本油料技术创新中心"等平台，助力区域产业提质增效。会同地方政府策划财政衔接推进乡村振兴补助资金项目、"揭榜挂帅"项目等40余个，推动万宁斑兰叶、文昌文椰系列椰子产业高质量发展。

高效率精准服务，解决产业发展技术难点。产业所需，就是科技助农的发力点。针对海南黄灯笼椒种性退化、育苗水平低、栽培技术落后等问题，中国热科院冬季瓜菜研究团队在海口龙合村建设火山辣椒标准化育苗示范基地，推广发芽率高、抗病力强、品质优的早熟"热辣2号"新品种，实现黄灯笼辣椒规模化、标准化发展，亩产量提高至6 000斤以上，已成为当地农民增收的"新法宝"。"良种+良法"，是农业产业高效发展的关键。中国热科院橡胶团队在海南白沙县七坊镇建设"橡胶+油茶+N"全周期林下种植示范基地，推广"热研7-33-97"等新品种以及林下复合种养等技术，提升橡胶产量超10％，提高胶园土地综合利用率50％以上，区域胶农年均增收超4 000元，显著提高了民营胶园的综合效益，是海南省橡胶良种良法实施的"新亮点"。"小作物"，培育农业"乡字号"产业增长点。中国热科院香饮所科研团队在海南文昌重兴镇建立香料科研成果转化小站，帮助海南万宁、文昌等构建斑兰叶全产业链发展体系，科技支撑斑兰叶鲜叶产量每亩提高到1 ～ 1.2吨，促进种植示范户年均增收3万元以上，为南桥镇入选第三批全国乡村治理示范村提供了重要科技支撑。

五、党建结对子，实施"科技四下基层"支部活动

（一）"科技四下基层"背景及做法

1988年12月20日，首次"地、县领导接待群众来访日"活动在福建霞浦县举办，刚刚从福建厦门调任宁德地委书记的习近平亲自参加了这次活动，同102名来访群众面对面交流，受理各种问题86件，其中有12件当场答复解决，其余的要求相关部门在一个月内处理完毕。习近平在当天晚上召开会议，对一段时间以来的信访接待下基层工作进行总结，并对下一阶段工作进行部署，要求约访制度和下基层开展信访接待日活动的制度要坚持下去，并把它作为一个重要的工作方法加以推广。之后，宁德地委、行署将每月的20日作为地县乡三级领导接待群众来访日，为群众办了大量实事，解决了大量信访问题，受到了百姓的拥护和欢迎。面对当时闽东地区落后面貌和群众脱贫致富的期盼，习近平亲自推动了宁德"四下基层"（宣传党的路

线、方针、政策下基层，调查研究下基层，信访接待下基层，现场办公下基层）并形成风气。1990年，习近平离开宁德到福州任市委书记，但他倡导并实践的"四下基层"作为一项工作制度及有效载体得以继承和发扬。"四下基层"是密切联系群众、转变干部作风的重要法宝，是推动发展的有效方法，是加强党建工作的宝贵经验，在新时代，具有历久弥新的价值。通过"四下基层"，能够解决党员干部懒散、躺平等心态，通过抓"关键"，有效改变党风政风。

中国热科院各院属单位围绕"一所对一县"对口帮扶市（县），结合科技支撑农民增收、和美乡村标志性成果示范基地建设等安排1～2个党支部，在对口帮扶市县选择1～2个村，开展党建结对子活动，建立常态化科技帮扶机制，为科技助推乡村全面振兴提供组织保障。

支部活动下基层。加强党建结对帮扶，围绕农业生产需要、农业经营主体能力提升等实际需求，以党建为引领、以"四强"党支部建设为目标、以科技服务为手段、以党支部为核心，通过到结对村开展主题党日活动，组建科技服务突击队，开展日常及应急科技服务等多种形式，充分发挥党支部的战斗堡垒作用和党员的先锋模范作用，实现党建与业务的有机融合，努力实现"一所一品牌"。

干部人才下基层。各单位积极选派科技干部担任驻村第一书记、科技特派员、"三区人才"等，通过在乡村一线建设科技服务小院、乡村振兴工作站等驻点平台，积极引导、鼓励各类干部人才深入基层一线开展调查研究、科研攻关、试验示范、咨询培训等工作。

科研项目下基层。引导、组织各科研团队到基层了解产业问题、难点、堵点，梳理相应的科研问题，有针对性地申报科研项目，开展科技攻关；结合和美乡村标志性成果示范基地建设等工作，优先选择在结对子的乡村实施乡村振兴项目，通过科研项目助力乡村产业发展。

科技成果下基层。将新品种、新技术、新模式、新产品、新农机等科技成果优先在结对村示范推广，帮助帮扶村农业产业结构优化、良种良苗良机良法推广，助力农业产业增效、农民增收，真正把论文写在大地上，把成果留在百姓家。

（二）工作成效

在村级组织中的领导力增强。持续夯实筑牢农村主心骨，推行"书记、村长、理事长等职务一肩挑"，使各村党支部对村民委员会、村集体经济组织的领导作用进一步提升。强化村级组织体系建设，大力支持青年、妇女等参加工作，积极领导组建共富乡村合作社、道德评议会、农民议事会、乡贤理事会等村级发展和治理组织，党支部凝聚力、号召力、执行力进一步增强，党支部在群众心中的形象和影响力明显提升。

支部建设制度性规范性增强。村党支部均能严格落实"三会一课"、主题党日活动等党内各项制度，在活动开展、会议记录、档案管理、党务公开等方面形成了制度性安排。各村党务工作清晰有序，并注重在党支部委员会及党员大会中，常态化组织党员同志加强学习贯彻习近平新时代中国特色社会主义思想，以及相关法律法规、党内方针政策等理论知识。定期邀请乡镇领导、驻村第一书记等为全村党员上党课，提升党课质量。同时，充分利用市县单位定向帮扶，积极与帮扶单位开展支部共建。通过"组织建设互促、党员干部互动、党建资源互用、结对帮扶互助"等方式，丰富支部组织生活，拓宽活跃党员干部视野和思维，助推村级事业发展。

党员干部先锋模范作用增强。通过党支部书记全覆盖培训，村党支部书记履职能力大幅提升，"领头羊"作用能够更好地发挥。通过共产党员亮身份行动，在支持集体事业、环境整治、移风易俗等方面，共产党员带头带动作用明显。党员干部与村民小组长、重点户、骨干群众、全体村民"四结对"，在一线深入宣传党的理论、惠民政策、发展成效，在现场收集群众意见建议、解决群众矛盾纠纷。

六、启示与思考

（一）科技创新，做好智慧乡村顶层规划设计

城乡发展不平衡不协调，是我国经济社会发展存在的突出矛盾，乡村振兴战略的核心要义之一就是城乡融合发展和城乡一体化。根据脱贫地区的气候条件与自然环境，运用科学方法培育农作物新品种，培育出更加适应脱贫

地区自然条件的农作物新品种,增加农作物抗自然灾害能力。指导脱贫对象选择适宜当地生长的农作物,科学合理安排农业生产活动,提升其农业生产技术水平。

依靠科技创新,支持脱贫对象发展生态绿色农业,重点推广和应用病虫害综合防治、绿色防控、水肥一体化、标准化施肥等关键技术,引导其发展"绿色、协调、循环"等生态绿色农业;依靠科技创新,增加优质农产品效益,提高脱贫对象生产优质农产品的积极性;依靠科技创新,指导脱贫对象采用新工艺、新技术、新机械,减少生产费用投入,降低生产成本,提高产出率,指导贫困对象实行反季节供给,实现农产品高收益;依靠科技创新,指导贫困对象通过互联网及电子商务平台等,拓展优质农产品销售渠道,降低流通成本,发展订单农业,采用科学的管理制度、先进的保鲜设备缩短农产品物流时间,提高生鲜农产品物流配送效率。

习近平总书记在《习近平谈治国理政》第二卷中指出:"我们应该通过振兴乡村,开启城乡融合发展和现代化建设新局面。"党的二十大报告也强调:"坚持农业农村优先发展,坚持城乡融合发展"。因此,新时期全面推进智慧乡村建设,应由政府组织牵头,在现有农业农村信息化规划和智慧城市顶层设计的基础上,引导各级政府、各类企业、乡村、公众积极参与;充分利用好物联网、人工智能、大数据、云计算等新一代信息技术,在制定建设规范与标准、基于大数据背景做出乡村空间规划治理决策等方面发挥作用,精准、高效做好智慧乡村与现代化城市建设协同发展的统筹规划设计。

加强农田农机农艺协同配套改造,推动农业机械化、智能化发展。要想推动热区农业机械化、智能化发展,首先要解决农田宜机化问题。现阶段的农田规划并未针对南北方地理及环境因素进行有差别的详细规定,致使各地在实际农田改造过程中无据可依。建议结合《全国高标准农田建设规划(2021—2030年)》和农业现代化发展要素需求,充分考虑农田、农机、农艺等相关要素,基于南北区域差异,从国家层面制定全国性的农田宜机化标准——明确规定改造地块的最佳坡度、长度与宽度,综合考虑作业情况、改造成本与长期收益。同时,应统筹考虑农机农艺融合问题,集成配套南方丘陵山区机械化生产体系。建议基于宜机化改造后的农田情况,优化种植结构，深化农机农艺融合的技术路线，从品种、产业、环节全面梳理丘陵山区农机装备的需求清单；采用模块化设计和系列化设计方法，集中力量加快突破关键技术，形成完善的装备体系，最终推动热区农业的机械化、智能化发展。

（二）加大政策指导和人才培养力度，建成专业化高素质农业人才队伍

高素质的农业人才是农业发展的主力军，需要加大政策指导和人才培养力度。全方位、多渠道加大农业宣传力度，加强相关创业企业用工需求信息采集，提供信息发布、用工指导等服务，将技术技能、农产品营销、农业经营管理等农业科技人才统筹纳入当地人才保障体系。加快完善高素质农民培训教育体系。联合农机推广服务机构、农业企业和农业职业院校，围绕特色优势产业，分层次、按类型开展农民培训，打造一支有文化、懂技术、善经营、会管理的高素质农民队伍，为农业现代化建设提供坚实的人力支撑。

加强科技服务队伍建设。科技服务队伍是科技推广中最重要、最活跃的要素。目前，科研院所的科研团队比较强大，但科技推广队伍建设相对滞后，建议通过"内培外引"的方式强化科技推广队伍，吸引一批懂专业、能吃苦、善沟通的复合型人才到科技服务的队伍中来，吸纳一批有意愿、有热情、有能力的科研人员承担农技推广项目、担任示范推广基地的负责人，聘用一批常年在农业一线的"土专家""田秀才"加入到农技推广队伍中。科研单位要进行科学论证，确定科技服务队伍建设规划，明确队伍专职、兼职人员数量与比例，保证科研单位人才培养、科学研究、社会服务三支队伍平衡发展。

建立和完善科技服务考评和激励机制。农业科研单位要重视科技服务工作，将科技服务和人才培养、科学研究放在同等重要的地位，积极营造重视科技服务工作的氛围。科学设计服务评价指标，规范评价工作流程，加强评价工作管理；完善科技帮扶的科技人员的监督和考核机制，完善基层挂职的科技干部的培养和使用机制；将科技服务工作纳入工作量认定范畴，将服务效果作为职称晋升、干部任用等的重要依据。

（三）围绕如何选认，坚持调查研究找对策，创新选认方式

科技特派员制度最初源于对农业的科技服务，主要聚焦农业种养环节，大多为农技人员。随着农村一二三产业融合发展不断加快，农村基层的科技工作情况发生了很大变化，原有的农技人员已难以满足农村发展新需求。基于此，中国热科院深入农村基层开展调查研究，针对农产品加工、乡村旅游、农村电商、村镇规划建设等对人才需求十分迫切的产业，进一步优化科技特派员选认机制，做到基层缺什么人才，我们就选什么人才。

供需对接、精准选认。针对调研中发现选派的科技特派员与基层需求不适配的问题，中国热科院突破性地将"选派"改为"选认"，建立双向选择、按需选认、精准对接的"订单式"选认机制，全面开展调查摸底，切实掌握基层需求，做到按需统筹选认，确保人才队伍、服务时间稳定。

拓宽渠道、优选人才。针对科技人员空闲时间少的现状，坚持从不同层面、不同渠道优选科技力量，打破行业、地域、身份等限制，扩大选派范围，并适当降低选认门槛，积极挖掘本地"田秀才""土专家"等乡土人才、高技能人才，充实科技特派员队伍。

创新模式、多样选认。针对调研中发现的问题，比如科技特派员限于自身专业、精力等因素，往往不能完全解决基层服务需求，可以鼓励高校、科研院所、企业，以及个人科技特派员牵头组建法人科技特派员或团队科技特派员，推动科技特派员个人服务向组团服务转变，更好地满足基层多样化、全链条的科技需求。

（四）围绕如何服务，坚持调查研究找方法，创新服务模式

由于科技特派员来自不同领域、不同部门，服务不同地域、不同对象，存在工作力量分散、服务效能单一、日常管理薄弱等问题，中国热科院在深入基层和部门调研的基础上，进一步完善健全了科技特派员服务支撑体系，有效解决了广大科技特派员开展科技服务"无人管"的问题。

强化组织领导。以政府分管领导为总召集人，设立科技特派员工作联席会议，形成常态化管理机制，每个乡镇确定1名班子成员负责对接联系服务本乡镇的科技特派员工作，构建了党政主导、部门联合、各方参与的工作格局。

实行工作站管理。在海南全省率先建立科技特派员县级总站和乡镇工作站，实现网格化管理，建立站长季度例会制度、科技特派员工作日志制度，及时掌握工作动态，科学统筹调配力量，强化日常管理监督，确保服务精准到位。

线上线下联动。坚持线上线下融合，采取"互联网+"科技特派员的管理模式，为服务对象及时有效地解决基层产业技术问题，提升科技特派员技术成果在基层转移转化的效率效能。

（五）围绕如何保障，坚持调查研究找突破，创新激励机制

由于科技特派员在思想认识、经费使用、职称晋升等方面存在一定差异，导致一些激励政策、管理措施无法落实到位。中国热科院通过院内政策宣传、走访座谈、调查研究、深入学习新时代科技特派员制度发展理念，深入思考、理解领悟，拟计划制定系列激励措施办法，确保科技人员"下得去、留得住、做得好"。

政策上灵活。针对调研发现科技人员工作经费使用难、报销难的问题，明确工作经费实行年度包干制，并建立利益共同体备案登记保护制度，让科技特派员得实惠、有保障。

奖补上多样。针对调研发现科技人员工作补助少、奖励少的问题，每年院内财政安排专项资金，并带动各县（市、区）设立专项资金，对科技特派员日常工作、项目实施予以支持。

第五章

社会影响

让热区共享"热量红利"

——中国热带农业科学院服务"三大热区"
热带农业发展纪实*

近日，海南省海口市琼山区大坡镇白石溪东昌农场，太阳依旧在照耀，陈泽恋正在管理他的荔枝林，他是海口荔丹水果种植专业合作社的负责人，合作社今年种植了1 000亩荔枝。

"今年虽然因为暖冬影响了荔枝的开花数量，但总体下来效益依然不错。种荔枝最重要的是养好花，中国热科院的专家指导我们进行控梢促花，通过环剥和打药来促进荔枝少长梢多开花，这样亩产可以达到2 700～2 800斤。"陈泽恋说。

依据我国热带农业区域分布特点，我国热区主要可分为三种类型，即"三大热区"：分别是典型热区，如海南省全域；干热河谷区，如四川、云南的金沙江干热河谷流域；特殊热区，如西藏墨脱县。

中国热科院副院长、国家荔枝龙眼产业技术体系育种技术与方法岗位专家、海南省荔枝产业技术体系首席科学家王家保在接受采访时说："我国的

---

* 摘自《农民日报》2024年11月16日第3版，部分内容有调整。作者：刘强、丰明、张少帅。

热带农业始于20世纪50年代引进种植天然橡胶，经过70年的发展，研究领域不断拓展，热带产业从无到有、从小到大，从资源引进到技术和品种向外输出。同时，在服务'三大热区'农业产业高质量发展和乡村振兴的过程中，中国热科院坚持让热区共享'热量红利'的原则，逐步形成了'三大模式'，以助力热区'热'产业高质量发展。"

新突破

所谓新突破，是指原本我国没有的热带作物，在引进后不断取得发展，比如具有标志意义的天然橡胶的引进发展。

20世纪50年代，出于战略考虑，我国开始引进橡胶种植，在几代科学家不断的努力下实现了天然橡胶在我国的北移。世界植胶界公认的巴西三叶橡胶树只适宜在北纬17°线以南种植，但在我国却实现了大面积北移，最高纬度达到北纬24°，橡胶树在北纬18°至北纬24°大面积种植技术获国家发明一等奖。目前，我国橡胶种植面积约1 720万亩，我国的橡胶种植面积位居全球第四，产量位居全球第五。

中国热科院橡胶所良种良苗研究室主任黄天带介绍，从一开始的引进种植，到现在的自育品种与国际上优良品种并行，我国橡胶产业取得了长足的发展。

从育种角度来讲，橡胶的种苗技术经历了三代，第一代是种子种出来的实生苗，第二代是芽接苗，第三代是最新的组培苗。目前，中国热科院橡胶所已经实现了橡胶组培苗量产，是全球第一家，年产能超100万株，可满足全国橡胶种苗年需求量的1/10。

同样引进的还有木薯、椰枣、香草兰、咖啡、胡椒等。

比如咖啡。中国热科院香饮所副研究员黄丽芳介绍，我国咖啡种植面积最大的省份是云南，云南种的都是小粒种咖啡。现在中国热科院培育并推广了中粒种咖啡，如"热研3号""热研5号"，其口感更加醇厚，具有奶香味，与小粒种形成了一种互补的发展关系。

而干热河谷地区引进种植芒果也是一个成功的案例。比如金沙江干热河谷流域的四川省攀枝花市，从20世纪90年代开始引进种植芒果，现在种植面积达103万亩，年产量高达60万吨，形成了我国"纬度最北、海拔最高、成熟最晚"的优质晚熟芒果产业带。

新振兴

所谓新振兴，是指我国原产的热带作物，在注入科技元素后实现了新的高质量发展，比如荔枝。

中国热科院品资所副研究员李松刚介绍，目前全球荔枝种植面积为1200万亩，其中我国种植面积760万亩。荔枝之所以能高速发展是因为在科技上的突破，除了控梢促花外，在进入花期后还要施行荔枝花穗处理技术，即适当控制花穗的长度和数量来提高每一束花的产量，包括用药物抑制花穗长度和疏花疏蕾，以及人工或机器杀花。

椰子在我国有2000多年的种植历史，中国热带农业科学院椰子研究所（以下简称"中国热科院椰子所"）党委书记朱安红介绍，虽然目前我国的椰子主要是用来喝的，但其在世界上却是第二大木本油料植物，具有非常重要的"向木本植物要油"的意义。

中国热科院椰子所椰子研究中心主任杨耀东介绍，目前我国种植的椰子大部分是海南的本地"高种"，但新增椰园大多已经选用了由椰子所选育的"文椰系列"矮化品种。与传统高种相比，"文椰系列"具有矮化高产早结的优势。

从2021年开始，中国热科院与相关科研单位合作对墨脱县的热带作物种质资源开展调查和抢救性搜集，并在此基础上进行开发利用。比如，在格当乡发现珍稀食用菌资源肺形侧耳后，立即对其进行分离驯化，并在当地成功栽培和推广。

新业态

所谓新业态，是指在原有种植模式下增加的新型业态，最典型的就是林下种养模式，而这个"林"很大一部分是橡胶林。

李广文，海南省三合农业股份有限公司（简称"三合公司"）项目负责人。从2023年开始，三合公司在海南省儋州市租用了280亩橡胶林进行胶蕉间作，即在橡胶林下种香蕉。李广文说："因为要种植香蕉，所以间作的橡胶林实行了宽窄行种植的方法，宽行为20米，而常规橡胶林的宽度是7米。今年是香蕉第一年见效益，亩均纯收入达到3 000元，待进入第二年后，每亩可以提高至5 000 ~ 6 000元。"

国家香蕉产业技术体系首席科学家团队成员李凯介绍，橡胶见效一般得七八年以后，间作香蕉就是对这七八年林下空地的有效利用。

儋州鸡，原产于海南省儋州市北岸地区，是一种肉蛋兼用的具有岛屿特色的小型鸡，位列《国家畜禽遗传资源品种名录》，中国热科院品资所祖代儋州鸡保种场现存栏1.4万只。

该所畜牧研究中心副研究员曹婷介绍，由于儋州鸡野性强、耐粗饲、能飞善跳，适合野外放养，目前林下养殖模式发展较好，散养林地主选橡胶林和果树林。

叶家荣，中国热科院试验场红星队职工。2022年开始，他在50亩的橡胶林下养殖儋州鸡，年出栏可达2万只，以1只鸡纯利润8元计，总利润可以达到16万元。目前，儋州鸡林下养殖示范推广及合作带动农户50余户，林地总面积达2 300亩，年出栏儋州鸡达100多万只。

而中国热科院环植所研究员程汉亭的食用菌团队则在白沙县、儋州市等市县的橡胶林下间作特色食药用菌。从2019年开始，先是冬季林下种植红托竹荪，2022年底又开始推广种植适合海南高温高湿环境生长的虎乳灵芝，亩效益可达0.8万 ~ 1万元。

据统计，目前橡胶农林复合模式共有15种，包括橡胶-香蕉、橡胶-菠萝、橡胶-木薯、橡胶-砂仁等，分布在海南省的17个市县和云南省的10个市县，总种植面积为119.28万亩，年总产值61亿元，平均每亩产值约5 114元。

"热作优先"，石漠化治理新战略*

从根本上讲，确定石漠化治理的核心就是到底要种什么？种什么既能保

---

* 摘自《农民日报》2024年9月5日第8版，部分内容有调整。作者：刘强、张少帅。

证生态效益，又能取得经济效益？而"热作优先"在关于"种什么"的选择上提供了一条重要的思路，并逐步取得了明显成效。治理石漠化需要付出更多努力，因为治理石漠化事实上是要实现"石漠荒山—绿水青山—金山银山"的过程，这个过程难但很有意义，关键是方向要对，结果就会逐步变好。

6月上旬，一场喜雨过后，广西平果市果化镇布尧村山上林木苍翠，空气清新怡人。布尧村的山脚下是喀斯特生态系统科研人员开辟的火龙果和赤苍藤套种、黄花梨种植等各类试验田，以及当地农民种植的火龙果田。何广灵是布尧村村民，家里两口人共4.5亩地。以前他家种的是玉米，亩产只有200～300斤；2005年开始他种了3亩火龙果，效益不错，现在火龙果种植面积增加到了4亩。在当地，火龙果一般在5月份开花，6月20日左右采摘。一年需浇两三次水，可以收八九茬果，亩产1 000斤左右，亩均纯收入3 000余元。同时，何广灵还在火龙果地里套种了芋头、大豆等，可以再增加一笔收入（图1）。

中国地质调查局岩溶地质研究所助理研究员陈雅祺介绍，广西现有石漠化土地面积居全国第三位，仅次于贵州、云南。广西的石漠化主要分布于河池、百色、桂林等地。为系统治理石漠化，中国地质调查局特在布尧村建立了广西平果喀斯特生态系统国家野外科学观测研究站。之所以设在平果市，

图1　广西平果市果化镇布尧村的火龙果套种魔芋田（刘强　摄）

就是因为平果市是广西石漠化程度最严重的地区之一。

火龙果是典型的热带作物，属仙人掌科热带水果。相信即便是非专业人士，从这个科的名字也能知道其生命力的旺盛。火龙果耐贫瘠、耐干旱，适应性强，生命力强。近些年，平果市与中国热科院、广西壮族自治区林业科学研究院等单位合作开展以剑麻、火龙果种植为主的石漠化综合治理科研项目。在治理石漠化过程中，"热作优先"成了一种趋势，所谓"热作优先"即在治理石漠化时优先选择种植热带作物。

那么，什么是石漠化？石漠化地区的分布和气候类型又是怎样的？为什么要在石漠化地区强调"热作优先"？怎么样才能既管生态又管经济？

石漠化又叫石质荒漠化，是指水土流失导致熔岩地区的土壤损失、基岩裸露、土地丧失农业利用价值和生态环境退化的现象。石漠化通常伴随着水土流失、物种消失、生物多样性降低等生态灾难，被学术界称为"生态癌症"。

我国的石漠化主要分布在贵州、云南、广西、湖南、湖北、重庆、四川、广东等8个南方省（自治区、直辖市），其中又以云南、广西、贵州最为严重，即滇桂黔石漠化片区，该片区石漠化面积占全国的65%左右。

中国热科院产业发展处处长丰明介绍："从国家战略需求出发，中国热科院原副院长、国家牧草产业技术体系岗位专家刘国道研究员于2013年组织团队到贵州开展了石漠化区域生产、生态、生活现状的调研。调研发现石漠化区域基本属于热带亚热带气候，具有发展热带特色作物的优势。随即，刘国道组织中国热科院果树、牧草、剑麻、畜牧、生态等领域的专家进行石漠化区域生态高效发展模式的研讨，最终明确通过在石漠化区域种植多年生经济作物，并根据不同石漠化类型配置不同层次作物种植，形成'上管经济、中管石头、下管生态'的作物配置模式。"

随着全球气候变暖的不断加剧，石漠化地区种植热带作物的适应性也越来越强。至此，在治理石漠化中坚持"热作优先"的思路开始逐步成熟，并应用到了实践当中。

首先起步的是草和经济作物种植，种草衍生出养殖业来，并与经济作物融合，形成"草＋经济作物""草＋养殖业""草＋经济作物＋养殖业"等诸多模式。

在石漠化地区种草，首要目的是生态。关于这一点，文山浩弘农业开发有限公司基地负责人邓华龙深有感触。

文山浩弘农业公司（以下简称文山公司）位于云南省文山壮族苗族自治州西畴县，这里是重度石漠化区。文山公司从2017年开始种植猕猴桃，目前种植面积有3650亩。按理，猕猴桃并不是热带作物，但猕猴桃园林下种植的却是热带牧草，主要为绿叶山蚂蟥和光叶紫花苕。

邓华龙介绍，因为是石漠化区，林地下种草的主要目的是保水，因为当地的土层薄，不保水。前期种植的牧草主要是做绿肥使，让草自动还田，既保水又培肥地力；后来草的产量很高，基地又养了100多头牛，但主要目的也不是为了卖牛挣钱，而是把牛粪当成有机肥去还田。

中国热科院品资所草业研究中心主任、国家牧草产业技术体系狼尾草柱花草品种改良岗位专家董荣书介绍，绿叶山蚂蟥是一种多年生豆科牧草，原产于南美洲，喜温热湿润，为高蛋白饲料，同时也是优良的水土保持植物；在我国热带、温带地区皆可种植，一年可刈割2～3次，产量可达3～4吨，号称"世界第一固氮作物"。

以当地"猕猴桃—绿叶山蚂蟥"生态发展模式为例，每年可为果园提供绿肥2.8吨/亩，每年可固氮20千克，相当于向土壤施入了10.78千克氮、5.53千克磷、6.79千克钾。间作两年后土壤有机质可提高0.6%，每年节约土地管理成本2000元/亩。

四川省米易县近年来广泛种植芒果，但因为当地干热的气候，在地表裸露的果园里，芒果树叶片非常容易被灼伤，树皮也开裂严重，以前一直没有太好的办法。但在种植了由中国热科院筛选出的柱花草后，地面温度降低了4℃左右，还为芒果树干遮挡了强烈的光照，树皮开裂现象明显减轻。

柱花草根系发达，可入土1米左右，对保持水土有很好的作用。在同等条件下，有绿色植被覆盖的果园在深度60厘米内取土检测含水量，比裸露土壤果园的含水量平均高6%左右。连续三年种植柱花草，土壤有机质含量可从0.3%提高到2.2%。

种草除了具有生态作用，还能在此基础上衍生出养殖业来。

8月中旬，西畴县兴街镇三光村村民李逢海拿着镰刀带我们来到了他家的坡地，坡地上种植的热研4号王草是由刘国道团队选育的热带优质牧草。只见碧绿直挺的类似甘蔗的叶片足有两米高，砍下来六七株就抱着费劲了（图2）。

图2　云南省西畴县兴街镇三光村村民李逢海在热研4号王草田里（刘强 摄）

李逢海说，他家里有6口人，10亩地，但地都是坡地，以前种玉米产量很低。从2019年开始改种牧草，主要是热研4号王草，另外还有一些黑麦草。王草的产量很高，一刀（当地土语，即刈割一次）产量就有三四吨，一年可以有四刀，年总产量可达15吨以上。在种植牧草后，他就开始采用圈养的方式养牛，牛的品种为本地的优质肉牛文山高峰牛和少量的西门塔尔牛，平均下来，如果单算饲草，一亩地可以养1.5～2头牛。

近几年，基本每年李逢海家都能出栏肉牛3头左右，都是自家母牛繁育的。虽然近两年我国肉牛价格有些走低，但每头牛出栏还是能净挣3 000～4 000元，目前他的牛舍里养着14头牛。

文山州农业科学院副院长罗龙、文山州农业科学院畜牧水产所所长钟正阳介绍，文山州的肉牛养殖是重点发展的一个主导产业，其中的主打品种就是文山高峰牛。

在石漠化坡地上种植牧草养牛既有利于生态恢复，也有利于农民增收。西畴县现种植牧草1.5万亩，养殖肉牛6万头。当然，牧草满足的只是肉牛的能量需求，肉牛的生存除了能量需求，还有蛋白和矿物质需求，蛋白需求需要食用豆粕解决，矿物质需求则需要动物营养舔砖来补充。

　　贵州省兴义市南盘江镇田房村村民梁龙贵家里两口人，只有4亩地，以前种的是玉米和甘蔗，但效益都不太好。从2015年开始种植果品，包括3亩芒果和1亩澳洲坚果。为了养地，果园林下都种植了草，包括可以做绿肥用的竹豆以及可以做牧草用的光叶紫花苕。

　　光叶紫花苕，一种优良豆科牧草，牛、羊、猪、兔、鹅均喜食。因为有光叶紫花苕，梁龙贵开始养鹅，一年大概养40只。"卖一只鹅能挣个70～80元。"老梁笑着说（图3）。

图3　贵州省兴义市南盘江镇田房村村民梁龙贵抱着他的鹅在芒果园里（刘强 摄）

　　董荣书说，发展多年生经济作物是减少农业生产对石漠化影响的重要途径，但有两个问题：第一个是见效慢，最快三年才能见效，无法保障初期农户的收入；第二个是果园里要么杂草丛生，需专门除草，要么地表裸露，漏水跑土。在这种情况下，主动在果园林下种草，既可以以草养畜养禽，快速见效；同时还能固土保水，达到逐步改善生态环境的效果。

　　除了种草，在石漠化地区种植的还有经济林果，比如热带果品，包括水果和干果。

8月中旬，贵州省黔西南布依族苗族自治州兴义市"不老果"380亩的澳洲坚果陆续成熟了，一颗颗像小型乒乓球大小的绿色果实挂在叶片中，煞是好看！

所谓"不老果"，是指黔西南州不老果种植养殖农民专业合作社（以下简称"不老果合作社"），该合作社于2017年3月成立，现有19户社员，在兴义市万峰林街道办上纳灰村有380亩的澳洲坚果林。

合作社负责人宋大方介绍，以前村里并没有澳洲坚果，合作社是从2017年开始试种。因为事先没有人种过澳洲坚果，所以贵州省农业科学院亚热带作物研究所的时任所长雷朝云自己专门种植了几亩地，在种植成功后打开了当地种植澳洲坚果的大门。

不老果合作社自2017年试种5 000棵澳洲坚果苗，2019年开始大面积种植，2020年达到了380亩地。澳洲坚果3 ~ 4年开始挂果，4 ~ 5年进入商品果期，8 ~ 9年进入盛果期。

宋大方还说，以前的澳洲坚果只能种在海拔1 000米以下的地方，但当地的海拔是1 270米，将澳洲坚果的适种海拔又往上提高了200多米。目前，当地种植澳洲坚果亩产能达到300千克，亩纯收入在3 000 ~ 6 000元。除了经济效益，澳洲坚果还有重要的生态作用和观赏作用，因为澳洲坚果是浅根系，所以固土作用好；同时，因为澳洲坚果花朵的挂果率低，号称"千花一果"，即一千朵花才能结一个果，所以不得不大量提高花的数量，其花有粉红、粉、黄等颜色，花期在每年2—3月份，是农业旅游的极佳载体。澳洲坚果种植技术粗放好管理，一年除一道草、施一道肥就行，病虫害也很少发生，盛果期能持续60 ~ 70年。

贵州省农业科学院亚热带作物研究所相关负责人介绍，澳洲坚果又叫夏威夷果，虽然原产于澳大利亚，但现在我国已经成为全球第一大澳洲坚果生产国。作为一种新型的休闲类坚果，目前澳洲坚果市场供不应求，当下澳洲坚果的青皮果价格是每斤9元。以前我国只有广东、广西、云南能种植澳洲坚果，贵州是逐步发展起来种植澳洲坚果的新秀，目前兴义市的种植面积为1 500亩以上。

采访现场，正巧有一个直播团队在现场直播销售澳洲坚果青皮果。主播是个小姑娘，叫韦永梅，她介绍说，她们团队是今年第一次做澳洲坚果销售直播，目前已经做了一个星期，每天都能有几十单的生意。她觉得，澳洲坚果是个很新鲜的果品，特别是青皮果，更是带着植物本身的香气和甜味，购买下单的大多数是女性。

经济林里除了能吃的果品，还有不能入口的农产品，比如主要取其纤维做缆绳的剑麻。

6月上旬，平果市旧城镇康马村的剑麻田里，村民覃益集正埋头干活，汗如雨下，面颊早已晒得通红。

覃益集说，他家里有五口人，年老的父亲、两个还在上学的孩子、瘦弱多病的妻子，生活过得很是拮据，于是他1990年出去打工。到了2012年的时候，当地政府开始以剑麻作为平果市康马村等石漠化地区的主推产业，于是他回乡种起了剑麻。

中国热科院环植所副研究员、国家麻类产业技术体系剑麻生理与栽培岗位骨干专家陈河龙博士说，作为一种热带作物，剑麻生长力强、适应范围广、耐瘠薄、耐干旱，即使在人迹罕至的荒漠也能成活。同时，剑麻管理粗放，经济效益高于甘蔗、木薯等作物。为了响应国家号召，中国热科院、广西壮族自治区农业科学院的国家麻类产业技术体系的剑麻专家不辞辛苦来到康马村，为农民进行种植技术的指导和培训，讲授剑麻营养需求规律和施肥技术，现场为麻农答疑解惑。专家团队多次亲临剑麻田，手把手教农民辨别剑麻病虫害及其防治方法，还根据当地实际情况研制了石漠化山区剑麻专用肥。

经过多年的辛苦付出，覃益集已经成为村里的剑麻种植大户。如今，他种植剑麻80亩，可年产20吨纤维，每年的纤维收入都在8万元以上。

目前，康马村剑麻种植面积达到1.05万亩，拥有20吨半自动刮麻机1台、小型手拉式刮麻机598台。剑麻产业初具规模，已成为该村的支柱产业。

村党支部书记黄贵敏介绍说："自从种植剑麻后，村里的生态环境有了很大改善，从满山光秃秃的石头变成了绿油油整齐划一的剑麻绿林。村民生活水平也有了较大改善，许多辍学的孩子也能重返校园。"

截至目前，平果市剑麻种植面积近2万亩，每亩年纯收入最高可达

3 000 元。

那么，滇桂黔石漠化片区的治理效果如何呢？

云南省西畴县，曾被外国岩溶专家称为"基本失去人类生存条件的地方"，而其中的三光村就因"树木砍光、水土流光、姑娘跑光"而得名。近年来，三光村探索出"山顶戴帽子、山腰系带子、山脚搭台子、平地铺毯子、入户建池子、村庄移位子"的"六子登科"石漠化治理模式。2021 年，位于三光片区的国家石漠公园被认定为国家 4A 级旅游景区。同年 10 月，在联合国生物多样性大会生态文明论坛上，西畴县被生态环境部命名为第五批"绿水青山就是金山银山"实践创新基地。2023 年，西畴县石漠化综合治理促进生态产品价值实现案例入选全国第四批 11 个生态产品价值实现典型案例之一。

截至目前，贵州省兴义市南盘江镇田房村共种植芒果 400 亩、澳洲坚果 256 亩、林下间作豆科牧草 300 亩、石斛仿生种植 100 亩，开展小规模畜禽养殖 20 户，单项技术增产 47.36%，集成技术增产 60% 以上，成本减少 20% 以上，提高收入 150% 以上；植被覆盖率提升 33.17%，重度、中度石漠化面积减少 26.98%（占示范区总面积比例）。该发展模式已经推广到云南临沧、广西罗城等石漠化严重地区，建立示范基地 5 个，推广面积达 8 万亩。经多方治理，广西平果市石漠化面积已由 2008 年的 6.336 8 万公顷减少到 2019 年的 3.975 3 万公顷，森林面积增加 1.798 3 万公顷。

全国第四次石漠化调查结果（2021 年底数据）显示，与上个调查周期（2016 年）相比，广西石漠化土地面积减少 48 万公顷，净减 31.5%。

2005 年全国第一次石漠化调查结果显示，贵州省石漠化面积达 375.97 万公顷，是全国石漠化面积最大的省份。2021 年底完成的全国第四次石漠化调查结果显示，贵州石漠化土地面积已降为 155.14 万公顷，净减少 220.83 万公顷。

据贵州省林业局最新数据，2021 年底至 2024 年 6 月底，贵州省已完成石漠化治理面积约 2 764.24 平方千米，累计治理面积为全国第一。2012 年，原国务院扶贫办、国家发改委联合发布《滇桂黔石漠化片区区域发展与扶贫攻坚计划（2011—2020）》，其中明确提到："着力培育特色优势产业，着力开展以石漠化综合治理为主要内容的生态建设和环境保护，将滇桂黔石漠化片区建设成为扶贫攻坚与石漠化综合治理相结合重点区、珠江流域重要生态安全屏障。"

截至2021年底，我国石漠化土地面积为722.32万公顷，与2016年相比，5年间石漠化土地净减少333.08万公顷。

2021年底，我国石漠化地区综合植被盖度达65.4%，较2016年提高4个百分点，其中乔木型植被面积提高5.8个百分点；岩溶地区水土流失面积减少17.81%，土壤侵蚀模数下降13.55%，土壤流失量减少28.94%。

董荣书说，我国的石漠化治理大致经历了封山育林、改变种植作物（原始）、工程改造后作物种植、种草养畜（放牧）等几个阶段。早期石漠化治理主要以减少石漠化进程为目的，故注重生态效益大于经济效益。但随着农户生活和增收致富的需求不断提高，石漠化治理开始逐步转移到经济效益兼顾生态效益上。下一步，一方面要明确划定石漠化区域适合种植的土地范围，减少地势险峻、坡度较陡区域的土地利用；另一方面应加强对石漠化区域特色作物产业的扶持，稳定农产品和畜禽产品的价格，鼓励地方政府依托石漠化特色产业打造特色产品和旅游业，多途径增加农民收入。

中国热科院在滇桂黔石漠化区域构建的不同类型石漠化区域的生态发展模式取得了初步成效。由于该模式中种植的多年生果树的生产期都在30～70年，现在许多果树都进入盛果期，故模式后期的发展依然需要技术支撑，特别是在经济效益与生态效益的平衡方面。

事实上，从根本上讲，确定石漠化治理的核心就是到底要种什么？种什么既能保证生态效益，又能取得经济效益？而"热作优先"在关于种什么的选择上为我们提供了一个重要的思路，并逐步取得了明显成效。治理石漠化需要付出更多努力，因为治理石漠化事实上是要实现"石漠荒山—绿水青山—金山银山"的过程，这个过程虽难但有意义。

"芒果积聚干热河谷"现象透视*

"芒果积聚干热河谷"现象是一次化劣势为优势、化不利为有利的成功

---

* 摘自《农民日报》2024年7月26日第8版，部分内容有调整。作者：刘强。

实践，让薄土长出了生机，让热区成为了热土，其为我国西南地区干热河谷流域的发展闯出了一条路子，其所带来的经济效益和生态效益是可喜的，顺应自然条件寻找合适的农业发展方向，对许多同类地区具有启示意义。

2024年5月下旬，走进云南省玉溪市元江哈尼族彝族傣族自治县红河街道桥头社区的芒果林里，一颗颗圆润饱满的芒果挂满枝头。在阳光的照耀下，芒果粉里透红，清香扑鼻，显得格外诱人。

"今年的芒果一级果每斤可卖到3元，二级果每斤卖到1.5元。今年天气比较热，加上干旱，芒果产量减少，但我们的芒果上市早，口感也不错。"桥头社区果农白东介绍。他今年种了10多亩芒果，受前期干旱天气的影响，今年的挂果量比往年有所减少，但在他的精心照料下，果子的品质依旧得到了保证，价格和往年也不相上下。

元江哈尼族彝族傣族自治县地处元江干热河谷地带，平均海拔1 700～1 800米，年平均气温为23.8℃。当地从1989年开始动员农户种植芒果，现在已发展成为云南省第二芒果大县。2023年，全县芒果种植面积达24万亩，产量25万吨，产值13亿元，并形成了早、中、晚熟品种分别占75%、10%、15%的品种布局。

在我国的芒果种植版图上，大致可分为两块，一块是传统产区，比如海南、广东、福建等；另一块是新产区，主要就是干热河谷产区，包括广西、四川、云南三省份，这三个省份的芒果种植主要集中在干热河谷区域。而我国芒果种植面积的大幅度增长主要也是源于干热河谷产区。

近30年来，我国芒果产业逐步向干热河谷地带集聚，许多以前没有种植芒果或者芒果种植面积不大的市县发展成了芒果大市或芒果大县。那么，为什么芒果带会向干热河谷积聚呢？

先来看什么是干热河谷，所谓干热河谷，是指高温低湿地带，大多分布于热带或亚热带地区，在我国则分布于金沙江、元江、怒江、右江、南盘江等沿江流域，涉及广义西南地区的云南、四川、贵州、广西4个省份。

干热河谷的最主要特点即是"干热"二字，所谓"干"是指年降水量不大，且蒸发量大；所谓"热"是指年平均温度高；加上山高谷深，土地瘠薄，水土流失严重，生态环境十分脆弱，农业种植条件也不好，以前多数干热河谷为经济欠发达地区。而干热的气候却非常适合芒果这种热带作物的生长，因为芒果喜热喜光照，耐旱不喜水。从20世纪90年代开始，许多干热河谷地区开始大力发展芒果种植业，现已形成4个干热河谷芒果主产区，占据了我国芒果八大主产区的半壁江山。

这4个干热河谷芒果主产区分别是广西右江（百色）干热河谷流域、四川-云南金沙江干热河谷流域、云南怒江-澜沧江干热河谷流域、云南红河干热河谷流域。与此同时，我国的芒果产量也由以前在全球地位不突出到如今成为全球第二大芒果生产国。所以，选择其中典型种植区进行分析是非常有必要的。

6月上旬，正是芒果的果实膨大期，由一根枝条垂吊而下的芒果悬在空中，或绿或黄或红（图1）。广西百色市田东县祥周镇九合村村民麻忠星从果园里摘了一些不同品种的芒果给大家看（图2）。

麻忠星现种植芒果30亩，亩产可达2 500斤，每亩平均纯收入1万元。他介绍说，自己种植芒果已经10年了，芒果一般4年后进入盛果期，盛果期可以持续许多年，效益非常好。

九合村党委书记、村委会主任罗祥介绍，全村有800多户、3 200多人，其中90%的农户都种植芒果，现共种植芒果2 800亩。去年芒果平均亩产

图1　广西百色市田东县祥周镇九合村果园里的红贵妃芒果（陈才 摄）

图2　广西百色市田东县祥周镇九合村芒果种植户麻忠星在自家的芒果园里（刘强 摄）

1 500 ～ 2 000斤，亩均纯收入3 000元。

第十四届全国人大代表、田东县芒果实验站站长、正高级农艺师陆弟敏介绍，田东县现有芒果种植面积35万亩。其之所以发展成芒果大县，主要是当地的自然气候条件。田东县属于右江干热河谷地带，夏热冬温，夏湿冬干，再简单一点概括就是"干热"。田东县年平均气温为22.2℃，年降水量为1 165.8毫米，而年蒸发量却有1 681.7毫米，年日照时数1 711.2小时。芒果从开花到成果期大部处于每年的3月至5月上旬，这时气温回升快、雨量少、昆虫繁殖快，有利于芒果扬花授粉；5月下旬至7月是芒果膨大期，这时雨量充沛，为芒果提供了充足的水分。目前，全县芒果种植户约有1.5万户、5.44万余人，同时还解决了3万农村劳动力就业问题，人均芒果年纯收入7 720元。

目前，广西的芒果种植面积为167万亩，其中的大部分在百色市，种植面积为137万亩。这137万亩芒果全部种植在百色市的右江干热河谷流域，包括右江区、田阳区、田东县，百色市也因此成为全国芒果第一大市。

作为百色芒果的生产大县田东县，目前拥有国内唯一的国家级芒果属类植物种质资源圃。广西右江干热河谷农业科技创新研究中心副主任、国家芒果种质资源圃负责人黄建峰介绍，该资源圃由中国热科院品资所和田东县人民政府共建，以收集、整理、保存、鉴定、评价和创新利用国内外芒果种质资源为核心，为我国芒果种质资源的保护、研究、开发利用提供种质资源物质基础和重要实验材料、信息支持。目前，百色市已种植了遍布世界各国近一半的芒果品种。

"种质资源是芒果新品种培育及育种研究最重要的物质基础，不少优质种质资源蕴藏着巨大的生产潜力。条件成熟时，一个种质就能形成一个产业。"黄建峰说。

据广西气象科学研究所农业气象服务首席、正研级高工谭宗琨介绍，百色市的芒果种植很早就有了，但大规模发展期，即第二次发展期是在2000年。芒果属于热带水果，右江干热河谷气候干热，风速较小，冬、春气温高，日照充足。芒果喜温、喜光，抗风力较弱。此外，芒果适生于土层深厚且排水良好的疏松山坡、山地及河谷地带的砂壤土或壤土。因此，百色的独特气候资源优势及适宜的土壤环境，使其成为全国最大规模的芒果连片种植基地。

说起百色芒果的种植，谭宗琨还讲了一个关于苍蝇的故事，因为芒果特有的单宁酸气味不受蜜蜂喜欢，所以芒果的授粉不是靠蜜蜂而是靠苍蝇。而且百色芒果的开花期都在初春的3月份，这时如果气温不够高许多苍蝇就孵化不出来，好在百色冬春的气温高，才使得大量苍蝇得以孵化，并顺利为芒果授粉。

7月上旬，四川省攀枝花市仁和区大龙潭乡混撒拉村，几乎所有的坡地上都种着芒果，芒果上都套着袋子。村党支部书记邹胜洪说，混撒拉村是个芒果种植专业村，全村芒果种植面积2万多亩，人均10亩。2023年全村芒果总产量1.8万吨，平均亩产1.5吨，进入盛果期后亩均纯收入可达5 000～6 000元（图3）。

图3　四川省攀枝花市仁和区大龙潭乡混撒拉村已经套袋的芒果（刘强　摄）

　　四川省攀枝花市位列我国八大芒果核心产区之一，但与其他产区不同的是，攀枝花是我国"纬度最北、海拔最高、成熟最晚"的芒果产区，其芒果上市时间为每年8—11月，且70%为大果型的凯特芒。

　　目前，四川省芒果种植面积为117万亩，攀枝花市芒果种植面积为103.6万亩，占四川省芒果种植的大头；而仁和区又是大头中的大头，区内芒果种植面积为41万亩。

　　仁和区气象局局长王玉宝介绍，攀枝花市属于以南亚热带为基带的干热河谷气候，即金沙江干热河谷流域，气候的总体特点依旧是"干热"，而这正是适宜芒果生长的气候，冬季干燥少雨，有利于花芽分化；开花期无低温阴雨，有利于授粉和坐果；果实生长期日照充足、热量丰富、昼夜温差大，有利于营养物质的积累和糖分转化。以仁和区为例，这里全年降水量仅为785.5毫米，而日照时数则高达2 525.4小时，不多的降水又集中在5—10月，基本避开了芒果授粉和采摘的"厌雨期"，这就是典型的干热河谷气候。

　　攀枝花市气象局副局长惠富斐介绍，攀枝花市的芒果种植面积占到了四川全省芒果种植面积的88.5%，芒果产业现在已经成为全市农业的支柱产业，这还是得益于攀枝花全域都处于金沙江干热河谷地带。攀枝花地区干、雨季分明，日照充足，年日照时数达2 700小时，年平均温度在20.7℃，属于终年无冬的自然温室气候。基于此，攀枝花市的芒果产业才经历了"从无到有、从小到大"的过程。

　　她还介绍说，攀枝花的芒果产业起源于20世纪90年代末期，当时有一批农业专家在考察攀枝花的地理条件和气候特点后，提出攀枝花发展芒果产业的建议。这些年，攀枝花市政府和气象部门也与中国热带农业科学院南亚热带作物研究所（以下简称"中国热科院南亚所"）合作开展了芒果产业的相关研究。

　　1997年，中国热科院与攀枝花市签订院市合作协议，帮助攀枝花发展芒果产业。之后双方又合作共建了中国热科院四川攀枝花研究所，现在该单位已更名为攀枝花热科特色热带农业研究院。

　　气象部门自2019年起，启动芒果农业气象服务及科研工作，与中国热科院南亚所开展合作，在仁和区建立试验田，开展物候观测和科研。目前，各项工作初见成效，近三年气象部门主持参与了9项科研项目，共完成14篇科研论文，已见刊9篇（包括3篇SCI），发布地方标准7项；2023年成功申报省级"芒果气象服务中心"，并被增补为国家级"热带水果气象服务中心"成员单位且设立分中心。

攀枝花热科特色热带农业研究院院长姚全胜介绍，在攀枝花种植的芒果品种中，有70%都是凯特芒。凯特芒的一个特点是"大"，平均单果重700克，所以产量高；另外一个特点是"晚"，是目前市场上最晚的芒果，成熟期可到每年11月份。我国最初引进凯特芒种植的时候，地点并没有选在攀枝花，而是种在了海南、广东等地，结果种植效果很不理想，原因是频发的细菌性角斑病，发病原因是种植地太潮太湿。后来凯特芒无意中被引进到攀枝花市，种植效果竟然不错，细菌性角斑病不发或极轻发，现在该品种成了攀枝花芒果种植的"当家花旦"，这就是合理利用"干"所带来的益处。

7月上旬，云南省丽江市华坪县的贵妃芒、椰香、热农、汤米等早熟芒果已成熟，开始采摘上市。

一大早，石龙坝镇民主村村民李海荣家的果园便热闹起来，村民分工协作采摘芒果，果园里的热农芒果刚成熟便被果商以每斤2.3元的价格订购了。

石龙坝镇海拔较低、气温高、日照时间长，芒果成熟时间早，口感香甜，深受消费者喜爱。各地果商抓住芒果上市的最佳时机收购芒果，并将华坪芒果送往全国各地。

华坪县气象局局长濮蝶天介绍，华坪县属南亚热带金沙江干热河谷气候，全境平均海拔1160米，年平均气温19.8℃，年平均降水量1082毫米，年平均日照时数为2511.3小时。华坪县每年10月至次年5月为干季，降水主要集中在6—9月，占全年降水的83%；而雨季正好是芒果的成熟期，夜间多降雨，白天阳光明媚，昼夜温差大，这样的气候特点有利于果实中淀粉的积累和糖分的转化，白天阳光明媚有利于芒果着色。

华坪芒果试种始于1965年，2008年进入大发展时期，经过多年的探索发展，芒果产业已经成为华坪县的一大富民产业。2023年，全县芒果种植面积达45.9万亩，鲜果产量44万吨，产值28.6亿元，种植面积和县域规模位居全国第一。截至2023年底，全县从事芒果种植的农户有1.4313万户，平均亩产1124千克，亩均纯收入6750元。

2008年以来，华坪县气象局先后完成了《华坪气象条件对芒果产量影响的研究》课题和《华坪县芒果种植气候条件初探》技术论文，建立了华坪县芒果种植区划指标，编制了《华坪县芒果生长物候期管理月历》，每周发布《芒果气象服务专题》，年底撰写《芒果气候年景分析评价》，总结年度芒果专业气象服务工作、预测气候、提出气候变化应对意见建议。

华坪县芒果产业发展中心主任张国辉表示，华坪芒果乃至丽江芒果走的是"三品一标"的路子，所谓"三品一标"即"品种培优、品质提升、品牌打造和标准化生产"。

以品种培优为例。华坪县从2020年开始与中国热科院南亚所合作开展了芒果杂交育种工作，今年已经取得了实质性进展，目前观察到4个外观形状明显区别于亲本的品种资源，已将这4个品种资源的果实送到攀枝花进行检测，并开展品种权保护申报工作。丽芒1号、丽芒2号、丽芒3号、丽芒4号将很快问世，实现华坪乃至丽江芒果育种零的突破。

同时，今年还引进了热品16号、黔芒2号等6个品种。截至目前，已经搜集和保存芒果资源340个。在品种调优上，则根据市场表现引导果农进行品种结构调优，主栽品种中热农1号和凯特芒市场竞争力优势明显，目前热农1号种植面积达到12.7万亩，凯特芒达到了13.4万亩。

华坪县农业农村局局长李国鑫介绍，华坪县芒果产业带农富农效益明显，全县年收入超过10万元的农户超3 000户，果农人均鲜果收入3.264万元。全县脱贫户、监测户中种植芒果的有970户、2 813人，户均种植面积12亩，户均增收4 300元。农业龙头企业和专业合作社就地就近吸纳农村剩余劳动力到芒果种植基地和加工车间务工，长期用工达1.25万人，种植用工220万人次，采摘包装分选用工55万人次，运输用工4.4万人次，让农民在家门口实现就业增收。

芒果，一种热带水果，是世界五大水果之一，年产量仅次于柑橘、苹果、葡萄、香蕉。很长一段时间以来，我国的芒果种植面积不大，产量也不高，在全球芒果的产量版图上并不显眼。但经过30多年的发展，我国的芒果种植面积和产量都有了大幅度提升，现在我国为全球第二大芒果生产国，仅次于印度。随着产量的增加，芒果的价格也开始不断亲民，"芒果自由"也成为"水果自由"的一部分。

数据显示，2012—2021年的10年间，我国芒果的种植面积由222.58万亩增长到561.9万亩，10年增长了339.32万亩；2012—2021年的10年间，我国芒果产量由106.33万吨增长到395.8万吨，10年增长了289.47万吨，增长的量都超过了原来的基数。

在这些干热河谷地区中，有些是原来没有种植芒果的，是完全引进种植的，如攀枝花；有些是原来有种植芒果，但面积、产量、品质都一般，是近30年开始第二次大发展的，如百色、华坪。

在干热河谷地区大力种植芒果是有其必然性的。干热河谷地区，由于气候、土质的问题，原来基本上是坡上、谷底片片荒芜的景象，但这种所谓"恶劣"的气候条件反而有利于芒果生长。这其中，有农民的选择、有政府的引导、有农业部门和气象部门的支持，通过几方合力共同促进了"芒果积聚干热河谷"现象的产生。

干热河谷地带因大多为坡地，所以种植芒果不存在与粮争地的问题，同时也因大多为坡地，所以当地农民人均芒果种植面积也较大，比如人均10亩。种植1亩芒果，最低纯收入也可以达到3 000元，高的可以达到5 000～6 000元，所以对农民的增收效应十分明显，对当地区域经济发展的促进作用也十分明显。

同时，由以前的区域内寸草不生或者半寸草不生，到如今的坡地遍植芒果树，还起到了固土的作用，逐步改善了当地生态环境。

比如金沙江，其之所以被称为金沙江正是因为流域内有黄沙不断排入，但这种"金色金沙江"的局面正在开始有所改观。华坪县在2020年10月被生态环境部命名为全国第四批"绿水青山就是金山银山"实践创新基地，2021年7月又入选全国第一批18个"绿水青山就是金山银山"实践模式与典型案例之一。华坪县金沙江流域年均输沙量从2005年的2.23亿吨，下降到2019年的0.49亿吨；鱼类从2013年的35种发展到2019年的61种；金沙江水质达到功能区划要求，水质达标率为100%，水土流失和石漠化现象逐步减少；年均输沙量虽然还没有最新统计数据，但至少从感官上看，还是在不断减少中。

当然，输沙量的减少肯定不是单纯种植芒果的功劳，但广种芒果肯定是重要原因之一。

　　在对干热河谷芒果产业发展的采访过程中，也发现了许多理念超前的想法。比如品种问题，其重要性不言而喻。百色市田东县搜集了近500个芒果品种，华坪县搜集保存了芒果品种资源340个。而攀枝花市，因凯特芒占了其芒果种植品种的70%，虽然有好的一面，但长远看也有不利的一面。不利的一面主要集中在两个方面：一个是病虫害，如此集中的单一品种种植，如果暴发一种严重的病虫害，将会给当地的芒果产业带来巨大的风险；另一个是市场，市场不是一成不变的，现在市场认这个品种，不等于以后永远都认这个品种，如果市场的认可度出现明显下降，对销售和价格的影响也是巨大的。攀枝花市相关部门已经意识到这个问题，现在正在寻找新的品种进行种植实验，以期能逐步减少凯特芒种植的占比。

　　事实上，"芒果积聚干热河谷"现象是一次化劣势为优势、化不利为有利的成功实践，让薄土长出了"生机"，让热区成为了热土。其为我国西南地区干热河谷流域的发展创出了一条路子，其所带来的经济效益和生态效益是可喜的，其顺应自然条件寻找合适的农业发展方向的做法，对许多同类地区具有启示意义。

第六章

未来展望

发展热带农业新质生产力，推动热带农业产业迈向新台阶。

2023年9月7日，习近平总书记在黑龙江考察时首次提出"新质生产力"这一重要理念。2024年1月31日，中央政治局第十一次集体学习，对发展新质生产力提出了明确要求。2024年全国两会期间，总书记三谈"新质生产力"，深刻阐述发展新质生产力的方法论，为各地发展新质生产力指明了行动路径。党的二十届三中全会对"健全因地制宜发展新质生产力体制机制"作出全面部署。把握新发展阶段、贯彻新发展理念、构建新发展格局，推进高质量发展，加上新质生产力是习近平经济思想的重要内容。发展新质生产力是对马克思主义生产力学说的继承与创新，也是推进中国式现代化的重大战略举措。

一、农业新质生产力的基本内涵与特征

习近平总书记指出，"概括地说，新质生产力是创新起主导作用，摆脱传统经济增长方式、生产力发展路径，具有高科技、高效能、高质量特征，符合新发展理念的先进生产力质态。它由技术革命性突破、生产要素创新性配置、产业深度转型升级而催生，以劳动者、劳动资料、劳动对象及其优化组合的跃升为基本内涵，以全要素生产率大幅提升为核心标志，特点是创新，关键在质优，本质是先进生产力。"

在科技革命大背景下，生产活动的方式和内容发生了深刻变化，新质生产力孕育、萌芽、成长于信息时代和数字时代，其显著特征是信息技术、数字技术对传统生产力的改造以及由此演化出的生产质态的改造。在农业领域，主要体现在两个层次：一是新技术对传统农业生产力要素的升级、更新、拓展；二是通过信息、数字等技术渗透带来的农业生产质态的变革，新的生产业态、新的生产模式的出现以及生产力要素的优化组合。具体有四个维度的特征。

一是"新"劳动者成为农业生产新的生力军。一方面，对现有农业从业者提出新的要求，知识与技能、生产效率要符合快速升级迭代的产业业态发展需求。农业领域的各种新型经营主体，家庭农场、农民合作社、涉农企业的劳动者，接受现代涉农科技和发展理念后将成为高素质生产力主体。另一方面，培育新型智能劳动者替代传统农业劳动者将成为趋势。

二是"新"劳动资料成为改变农业生产的动力源泉。新一代信息技术、先进制造技术、新材料技术等前沿性技术的融合应用，特别是互联网、软件技术等非实体形态生产工具在农业领域的广泛应用，将极大地拓展农业生产空间、丰富农业生产工具的形态，使劳动资料的边界不断拓展。同时，新技术的广泛应用，将打破传统农业生产模式的空间限制，劳动资料的科学合理运用，也会促进生产管理的精准化、销售和流通环节的网络化、智能化。

三是更广范围的劳动对象成为农业生产的重要物质基础。科技创新将促使农业劳动的广度、深度、精度和速度的全面升级，将不断拓展农业劳动对象的种类和形态。一方面，新的要素、资源、服务等都可转化为劳动对象，如盐碱地的治理、高标准农田的改造、海洋资源的深度开发等都是通过技术的植入将劳动对象的范围进行了拓展。另一方面，生产者开展生产的方式方法不断拓展，使生产效率得到大幅提高。

四是生产力各要素的高效协同组合催生新的生产模式与业态。在一系列新技术的驱动下，新质生产力引领带动劳动者素质的提高、劳动资料技术含量的提升、劳动对象范围的拓展，通过优化组合动态匹配，可有效降低交易成本，提升资源配置效率，释放潜在产能，激发新型质态。如优化农业生产力空间布局、推进农产品向优势产区集中、"三区"建设等工作，以及新技术下产业融合发展新模式的大量涌现，体现了要素优化配置所带来的新的质态、空间、时间组合。

二、新时期发展热带农业新质生产力的战略意义

全球热区陆地总面积5 360万平方千米，光热水自然条件好，生物资源丰富，热区农业用地占全球农业用地的47％，光合效率高、复种指数高、单位面积产能高、农业生产潜力巨大。但由于科技落后、投入不足，热区主要粮食平均单产仅为全球粮食单产的61％。热区约38亿人口，粮食不安全和极不安全地区的人口达20.7亿。我国热区陆地面积54万平方千米，占全球热区的1％，热区耕地面积约1.8亿亩、农业人口约1.3亿，供应着国家战略物资天然橡胶以及粮、油、糖等重要热带农产品。

（一）抢占全球热带农业科技制高点，热带农业产业实现自身跃升发展，亟须加快培育热带农业新质生产力

党的二十大报告提出，我国到2035年要实现高水平科技自立自强，进入创新型国家前列。整体来看热区国家基本为发展中国家或最不发达国家[*]，绝大多数国家的科技投入不足国内生产总值的0.5％，农业生产力水平低，产能远未被发挥。全球热带农业生产技术主要依靠过去的长期积累，科技创新水平不高。西方国家"无热区无热带农业科技"，热区国家"有热区热带农业科技弱"，加上热带农业具有较强的独特性，传统农业研究理论与技术大多无法直接应用，导致热带农业巨大的生产潜力未被发挥。我国具备"热带农业主产区"和"注重科技投入"的双重优势，有能力有条件抢占国际科技竞争制高点。通过加强前瞻性研究，布局基因组学、合成生物学、人工智能等前沿技术与热带农业深度交叉融合，高标准打造国家热带农业科学中心，实现高水平热带农业科技自立自强，有望实现"新赛道"弯道超车，在全球热带农业领域率先进入创新型国家前列，同时也为现代农业发展提供借鉴。

---

[*] 最不发达国家是指那些经联合国认定的社会、经济发展水平以及人类发展指数最低的一系列国家。

（二）发展热带农业新质生产力，有利于保障国家战略物资和重要农产品供给，安全支撑热带地区乡村全面振兴和兴边富民

随着世界百年未有之大变局加速演进，世界进入动荡变革期，给我国发展带来了严峻挑战。同时，随着我国经济由高速增长阶段转向高质量发展阶段，对高质量农产品的需求不断增大，但我国在天然橡胶等国家战略物资和重要农产品供给上还存在卡脖子风险。如我国每年消费棕榈油近700万吨，占食用油消费总量的20%左右，我国棕榈油全部依赖进口；只能在热区生长的天然橡胶，关系国防军工、车船制造等重要领域，其自给率仅为13%，特种天然橡胶几乎全部依赖进口。发展热带农业新质生产力，将有限又宝贵的热区资源利用最大化，是强化战略资源安全的必然要求。热区资源禀赋优越，在极端情况下，热作新质生产力赋能热区光温水和土地资源高效利用，将为保障国家重要农产品供给安全发挥重要作用。

在兴边稳边方面，我国与老挝、越南、缅甸等多个热区国家接壤，加快推动发展热带农业新质生产力，在境外罂粟种植地区开展草果、咖啡等高经济价值热带作物替代种植，可以有效提高当地农民经济收入。

（三）发展热带农业新质生产力，有利于服务国家"一带一路"倡议和人类命运共同体构建

"热区好，全球便好"。全球热区有138个国家和地区，其中98个参与共建"一带一路"。"十三五"以来，我国新增建交国10个，全部为热区国家，热带农业科技合作发挥了关键作用，是开展大国外交战略的重点领域和优势资源。热区国家多为发展中国家或最不发达国家，大多数国家科技投入不足国内生产总值的0.5%，农业生产力水平低，产能未被发挥。我国具备热带农业主产区和科技投入双重优势，可借助"一棵木薯"与50多个非洲国家、"一棵椰子"与整个东南亚和南太平洋岛国、"一棵椰枣"与整个中东和北非地区加强团结合作，支持、服务热区国家农业农村发展。

未来全球粮食增产的80%将来自单位面积增量的贡献，热区国家的贡献率将达到85%，是全球粮食总供给的最大增量来源。发展热带农业新质生产

力，对保障重要农产品供给、助力全球减贫减饥、落实联合国2030年可持续发展议程目标具有重要意义。

我国是世界第一制造业大国，在农用物资、农机装备、设施农业等农业领域，加工制造业产能庞大。通过发展热带农业新质生产力，利用"两种资源、两个市场"构建我国稳定的国际粮食和原料供给网络，充分释放我国加工制造业产能，实现"输出科技、保障供给、促进贸易、深化友谊"等多重战略目标，促进全球经济社会共同发展。

三、热带农业产业和科技发展趋势

（一）国内外热带农业发展趋势

1.发展模式逐步向绿色高效高值农业转变

全球热带农业资源主要分布在亚洲南部、东南部、印度半岛、中南半岛、拉丁美洲以及撒哈拉以南的非洲地区。这些地区大多为发展中国家，在农业先进技术推广与应用方面相对滞后，热带农业技术创新与宜地机械化研发进展较慢。当前，发达国家围绕劳动生产率和土地产出率，延伸出较为典型的农业模式，主要有三大类：以美国、加拿大为代表的农业机械化模式，以日本、荷兰为代表的生物技术应用，以及以德国、法国为代表的"农机＋生物"兼顾模式。热带地区劳动力优势相对明显，以小农经济为主导，在推进传统农业向现代化发展的进程中，明显落后于发达国家。近年来，随着大数据、物联网、卫星遥感等技术在农业领域的运用趋于成熟，在热带地区新兴市场国家也逐渐兴起。拉丁美洲、东南亚的种植园开始采用基于GIS的精准管理系统，从而实现了精准化管理；印度尼西亚力促农业数字化和现代化转型，马来西亚将智能农业列为八大战略产业之一，泰国打造有机农业的金字招牌，越南发展高附加值农产品的生产价值链等。推动热带农业逐步朝以机械替代人力、以有机肥投入替代化肥等工业投入、以科学农业替代经验农业、以专业化的商品性农业替代产品自产自销的自给性农业转变。

2.热带农业的发展逐渐向"大食物观"聚焦

随着人们消费水平的提高，食物结构日益多元化，倒逼农产品供应链多功能化转型。2024年9月，国务院办公厅印发的《关于践行大食物观构建多元化食物供给体系的意见》中明确，加快发展深远海养殖，增加草食畜产品供给，加快发展现代设施农业，培育发展生物农业。热带农产品是大农业的重要组成部分，热区国家既作为生产国，又作为消费国，朝"大食物观"拓展的内驱力增强。据经合组织OECD和粮农组织FAO发布的《2024—2033年农业展望》预测，全球农业和渔业产品（包括粮食、饲料、燃料和其他工业原料）的总消费量预计将以每年1.1%的速度稳步增长，而这一增长主要由中低收入国家推动。中等收入国家的人均食物热量摄入预计将增加7%，主要来自主食、畜牧产品和脂肪消费。热带农业及其农产品是典型的多元化农业及农产品体系。热带水稻、玉米、甘蔗、木薯、油棕、香（大）蕉、面包果、波罗蜜、椰枣等是热区国家的主要食物和热量来源。香蕉是全球贸易量最大的水果，甘蔗、油棕是全球最重要的产糖、产油植物，畜牧业是蛋白质的重要补充，热带海洋盛产鱼虾贝螺。全球热带地区资源环境约束多，主产国正顺应经济社会发展的需求，逐步突破当前的资源瓶颈，践行大农业观、大食物观，向耕地草原森林海洋、向植物动物微生物要热量、要蛋白，全方位多途径开发热带农产品资源。

3. 热带农业产业链逐步向多功能性拓展

一是循环农业、低碳农业技术在热带农业领域的推广，实现了农业产业链内部循环利用和节能增效，促进农业全产业链的复合式、融合型和立体化发展。据《2024—2033年农业展望》预测，未来十年，种植业、畜牧业和渔业领域的产量增长将主要由生产效率的提升所推动，将有望降低农业产生的温室气体排放量。发展循环农业、低碳农业已成为必然趋势。二是随着成分提取、生物燃料炼制、生物治理、生物合成等技术的不断成熟，促进了热带农业与制药行业、能源行业、环保行业的融合发展，提升了热带农产品及其副产品的药用价值、经济价值和综合利用率，推动热带农产品朝多样化开发、多层次利用、多环节增值。三是热带地区有独特的自然风光和生态资源，推进农业与旅游、文化、康养等产业深度融合，催生休闲渔业、休闲农庄、科普研学、生态康养等新业态，提高农业产业附加值。

（二）国内外热带农业科技发展趋势

1. 以基因组学、微生物组学等为核心的生物技术逐渐在热带农业领域推广应用

生物育种技术及其产业化发展已成为国际科技竞争新焦点。椰子、天然橡胶、木薯、芒果、香蕉等重要作物全基因组测序相继完成，推动基因组学在热带农业领域快速发展。转基因技术与基因编辑、全基因组选择技术等深度融合，促进生物育种向外源基因转入、内源基因边际、代谢途径重构的系统化方向发展，美国等发达国家已开始探索从分子育种向以生物大数据技术为基础的智能化设计育种迈进。基因组学、微生物组学等生物技术为提升热带作物产量和改善土壤健康提供了新的解决方案，有望推动新一轮"绿色革命"。据世界经济论坛预计，到2030年基因编辑技术有望使全球粮食年产量增加4亿吨，微生物组技术有望使作物年产量增加1.3亿～2.5亿吨。

2. 以生物学、工程学为基础的生物技术革命在热带农业技术领域悄然兴起

热带农业科技创新由传统的"怎么种""怎么管"，逐步向"怎么用""怎么延"的问题导向转变。全球热带作物基础研究领域的研究前沿逐渐聚焦在以生物学为基础的生物医药、清洁可再生生物燃料、高分子材料、环保材料制造以及环境污染的生物治理等领域，极大地拓展了热带农业的产业边界，促进热带农业与能源、环保、医药、高分子材料等多领域深度融合发展。利用工程技术与生物活性的研究以及对疾病调节与抑制作用的研发，推动热带农业生物工程与生物医药、生物制造的协同发展。生物吸附剂、纳米粒子、纤维素纳米晶、可降解生物薄膜等新型材料的制备，以及热带农副产品在沼气、乙醇、氢气等生物质能源、材料炼制关键技术的研发，以科技创新促进了热带农业附加值的提升。

3. 以物联网、大数据、人工智能等为代表的新一代信息技术在热带农业领域应用不断深入

雷达、无人机、高光谱、多光谱等遥感技术正逐步运用到热带农业的品种分类、空中施药、病害检测、面积监测、产量预测等生产管理中，改变了传统生产模式。通过深度学习、机器学习、支持向量机、深度神经网络等人工智能技术，推动农业与现代信息技术深度融合，加速促进热带农产品绿色高效生产、热带农业生物安全、农机装备智能化升级等关键领域的数字化、智能化转型，极大地提高了热带农业生产管理的精准性和实效性。预计到2030年，农业机器人和智慧决策平台等技术有望使粮食年产量增加3亿吨，并减少用水量1 800亿吨。

四、发展热带农业新质生产力的优势基础和制约因素

（一）优势基础

一是国家重视热带农业，发展机遇好。热带农业是我国农业的重要组成部分，受到历届党和国家领导人的高度重视。2013年4月，习近平总书记在视察海南时强调，要聚焦发展高新技术产业、热带特色高效农业、加快构建现代产业体系。2018年4月13日，习近平总书记在庆祝海南建省办经济特区30周年大会上作出"打造国家热带农业科学中心""做强做优热带特色高效农业"等重要战略部署，赋予了热带农业新的使命与任务。我国具有发展热带农业生产和科技资源投入的双重优势，可以引领全球热带农业科技创新和产业发展，通过1%的中国热区来连接99%的世界热区。

二是产业基础好，发展潜力大。热区光热水自然条件好，生物资源丰富，光照强度大、气温高、积温高、作物生长周期短，农作物生长季节长达九个半月甚至全年，单位面积产能高，热带农业生产潜力巨大。经过几十年的艰苦奋斗，我国热作产业从无到有、从弱到强，取得了巨大的成就：建立稳固的天然橡胶生产基地，为国家经济发展和国防建设提供了重要保障；热区是全国人民的"糖罐子""菜篮子""果盘子"基地；建立了南繁硅谷，全国70%的作物种子在三亚南繁基地完成育种；是生物多样性的重要保存基地，有2万多种植物（包含200多种，几乎涵盖了全球栽培的所有热带作物），是我国农业的"绿色基因库"。

三是科技有优势，发展有支撑。经过70多年的建设，已构建了较为系统完整的热带农业科技创新与成果转化体系，在热带农业全产业链科技创新以及热带生物育种、栽培、植保等领域位居世界前列；拥有以中国热科院为代表的从事热带农业研究的科教单位100余家，相关行业专家、学者1万余

名，其中高级职称人员近 5 000 名；建设了热带作物生物育种全国重点实验室、国家重要热带作物工程技术研究中心、国家热带植物种质资源库等一批国家级科技平台。以热区主粮木薯为例，有一批高产抗病的自主产权新品种及配套轻简高效生产技术和全程国产化机械装备，通过科技支撑我国木薯平均单产达 2 吨／亩，是非洲平均单产的 3 倍、是全球平均单产的 2 倍。我国木薯新品种与生产技术推广到柬埔寨、刚果（布）等国家，累计种植面积超 1 000 万亩。

（二）制约因素

一是现有科技创新与应用水平难以满足培育新质生产力速度的需求。国内以市场为导向、以企业为主体的热带农业科技创新与应用机制有待完善，领军型人才匮乏，缺乏一支高水平、稳定的技术推广队伍。在基因编辑育种、功能性产品精深加工等关键技术环节，自主创新能力较为薄弱，热带作物重要性状的遗传与协同调控机理不清，导致其产量潜能未能充分发挥；热带地区灾难性气候多、病虫害高发频发，热带作物环境适应性与逆境胁迫的生物学基础未得到充分解析，导致产量和品质不稳定。

二是乡村人才结构不合理，高水平农业科技人才难以满足产业需求。《2024 年全国高素质农民发展报告》显示，高素质农民队伍平均年龄为 45 岁，大专及以上文化程度仅占 24.61%，农民整体素质不高，学历提升需求旺盛。大部分高素质农民从事传统的种养业，仅 21.79% 的高素质农民从事休闲业、社会化服务等农村新产业新业态，乡村建设人才和治理人才依然缺乏。生物育种、智能装备等技术领域顶尖人才缺乏，后续力量有断层，农业战略科学家等领军人才依然缺乏。中央级农业科研机构 35 岁以下青年科技人才中，高级职称的仅占 10%，70% 以上创新团队首席超过 50 岁。农业技术成熟度低，专家试验田产量高、大田产量低，科学研究、实验开发、推广应用"三级跳"需进一步打通。产学研融通创新不够，企业创新能力弱，激励和约束机制不健全，知识产权保护、科研诚信建设、科技伦理等工作有待加强，主动融入全球创新网络的工作力度不够。

三是农户规模小而散，热带农业劳动者老弱化问题突出，影响热带农业劳动者科技、文化和经营素质的提升。我国热带农业组织化生产程度不高，以农户为主，劳动者老弱化问题突出，据中国热科院橡胶研究所2023年在天然橡胶主产市县的抽样调查，18～60岁人口的平均受教育年数为8.97年，具有高中及以上学历的占比仅为12.57%，难以有效利用新的生产要素，存在"有胶无人割"等现象；社会化服务水平较低，难以适应竞争激烈的国内外市场环境。

四是生产要素流通不顺畅，价值创造重心仍停留在产业链低端环节。热带农业产业主要集中在种植和初加工环节，产业发展亟须延链、强链。以海南为例，热带农业以初级产品为主，精深加工的产品相对较少，农产品加工产值与农业产值比仅为0.87，远远低于全国平均值2.52。相关的设施条件、市场成熟度以及资本参与度等都较为薄弱，种植养殖、加工、仓储物流等业务分属不同行政部门，管理权限分割导致全产业链发展在信息联动、业务协同等方面衔接不足，产业主体间缺乏有效的利益衔接机制，产业的经济效益未能充分展现。

五、发展热带农业新质生产力的战略思路和实践路径

发展热带农业新质生产力要充分发挥热带农业科技创新力量，加强有组织的科研，高标准打造国家热带农业科学中心，加快实现技术革命性突破。要破除阻碍热带农业新质生产力要素自由流动、平等交换的体制机制壁垒，推动土地、劳动、资本、技术、数据等各类发展要素更多地流向热带农业和农村。推动农业产业转型升级，改造传统产业、培育新兴产业、抢占未来产业。开拓视野，加强国际合作，推动热带农业"走出去"。

（一）抓牛鼻子，深化科技体制改革，推动技术革命性突破

1.加强有组织的科研，高标准打造国家热带农业科学中心

通过持续优化协同创新机制，集中优势力量和创新资源，聚焦"四个面向"和全球热区发展需求，围绕粮食、天然橡胶、蔗糖、食用油等重要热带农产品供给，开展热带农业关键共性技术、前沿引领技术、颠覆性技术创新，着力实现装备用胶等关键核心技术自主可控。下个阶段，亟须加快培育特种胶、宜机抗逆甘蔗、抗寒高产油棕、抗逆优质木薯和热带水果等新品

种，研发热带作物高效育种、热带畜禽绿色健康养殖、热带智能农机装备、热带农业绿色高效生产等关键技术，开展热带农产品高值化加工、功能成分挖掘与营养健康产品创制、热区外来生物入侵与病虫草害预警防控研究，快速培育热带农业领域新质生产力，开辟"新赛道"，在全球热带农业领域率先进入创新型国家前列。

2.激发人才资源，打造热带农业人才智谷

建立具有国际竞争力的引才用才机制，吸引专业人才投身热带农业。打造一批跨专业、跨学科、跨区域的高水平科技创新团队，加速提升热带农业创新效能。着力培养具有前瞻性和国际眼光的热带农业战略科学家、高层次创新创业人才、一流科技领军人才和创新团队，打造全球热带农业科技创新创业人才智谷。设立国际热带农业研究生院，开展学历教育、留学生培养、实用技术培训等，持续培养知华友华的国际科技人才。

3.加强科企融合，加快培育热带农业科技领军企业

当前热带农业科技企业"小、散、弱"的问题还比较突出，可分层、分类培育一批热带农业龙头企业、瞪羚企业、高新技术企业、科技型中小企业。落实企业科技创新主体地位，优化热带农业科研项目管理，推动热带农业科技创新和产业创新深度融合。

4.加强条件支撑，布局全领域全链条科技创新平台

高质量建设热带作物生物育种全国重点实验室，布局建设国家热带木本油料、特种天然橡胶技术创新中心等国家级平台以及热带作物基因组学、合成生物学、未来食品制造等前沿基础与新兴交叉学科平台，构建覆盖基础研究、技术开发、成果转化和支撑保障的平台集群。

（二）政策引导，搭建平台载体，强化人才对教育与科技发展的支撑作用

评用结合，构建科研人才评价指标体系，强化农业科技成果转化应用激励，赋予科研人员职务科技成果所有权或长期使用权，允许成果完成人使用职务科技成果创新创业，激发科技人员转化科技成果的积极性。出台科技人员分层分类评价办法。探索乡土人才职称评定，完善适合农民特点的职称评价标准，拓宽评审通道。分级分类建立人才数据库，为留住人、用好人提供

数据支撑和决策参考。鼓励农业农村科研人员、涉农院校教师等参与人才培养，在项目申报、职称评定等方面予以倾斜。

营造农业农村教育科技人才发展的良好氛围。打造创业集聚区、名师工作室，强化人才培养基地孵化服务功能，为各类人才提供创新创业平台和载体。支持各地设置人才"一站式"服务平台，提供项目申报、融资对接等服务。组织开展农业农村科技创新和人才培养遴选，设立高端农业科技人才、优秀农技推广员、十佳农民等奖项，举办职业技能大赛、创新创业创意大赛等赛事活动，打造人才选拔展示、合作交流平台。广泛宣传教育科技人才一体化发展案例，推广优秀典型，加快一体化发展。

（三）守正创新，推进要素市场化改革，促进生产要素创新性配置

在土地方面，围绕发展新质生产力的服务体系和数字赋能机制的薄弱环节，加强高标准农田建设等涉农基础设施建设；深化承包地所有权、承包权、经营权分置改革，发展农业适度规模经营；积极盘活撂荒地、盐碱地、岛礁等闲置资源。

在劳动方面，加强劳动者技能培训，加大力度开展高素质热带农民培育等项目，培育各类新型农业经营主体和服务主体带头人，不断提高热带农业从业人员的素质。加快构建职普融通、产教融合的热带农业职业教育体系，打造一批热带农业核心课程、优质教材、教师团队、实践项目。

在资本方面，构建新型热带农业科技金融体制，完善长期资本投早、投小、投长期、投硬科技的支持政策。建设国家热带农业科技创新投资联合体，设立热带农业科技成果转化基金。

在技术方面，深化科技成果转化机制改革，加大力度支持建设热带农业科技孵化器、热带农业概念验证中心、热带农业中试验证平台。深化职务科技成果赋权改革，允许职务科技成果资产单列管理。加快构建公益性推广、市场化转化与社会化服务协同化发展、互补式推进的热带农业科技成果转化应用格局。加强技术经理人队伍建设。

在数据方面，加快打造国际热带农业大数据中心，构建热带农业数字化底座，开发热带农业应用模型。加强主要热带农业环境、资源、生产、加

工、市场、贸易、农业科技、对外合作等全产业链大数据及热区农业农村科技基础数据的采集、监测分析、开发利用、保护管理，支持传感器、芯片、算法、模型等攻关，围绕智能监测、精准作业、农业机器人等关键环节重点领域，促进数字融入热带农业生产、分配、流通、消费各环节，推动数字技术跨界融合创新。

（四）前瞻布局，抢占未来产业，推动产业深度转型升级

抢占未来产业，聚焦未来信息、未来材料、未来能源、未来健康等与热带农业交叉、相关的方向作出前瞻性部署，布局细胞和基因技术、人工智能、合成生物、前沿新材料、高光效、高固氮技术产业、热带生物能源、未来热带食品等相关产业，营造未来产业发展新生态，开发开放融合场景、标志性场景以及试验验证和示范应用场景，推动前沿技术突破和应用。

培育新兴产业，着力打造新一代技术、业态、模式等新增长引擎，强化岛礁农业、深海养殖、热带生物育种、绿色低碳热带农业等的技术与产业优势，组织实施新兴产业孵化与加速计划，做好生产力储备。

改造传统产业，用数智技术、绿色技术转型升级传统产业，加快割胶机器人、无人热带农场、热带生物制药等相关产业发展，推进传统产业迈向"高科技、高效能、高质量，新技术、新经济、新业态"。

（五）开拓视野，加强国际合作，推动热带农业"走出去"

强化热带农业科技创新与知识分享合作，组织国内外科教机构和组织，联合热区各国政府部门和企业，共建全球热带农业知识分享网络体系，举办全球热带农业创新大会，深度参与FAO"一国一品"倡议示范国代表共话农特产品绿色发展，发起"国际热带农业可持续发展大科学计划"，协同解决全球热带农业领域重大科学问题和技术难题，推动热带农业绿色革命。

支持和推动海南自由贸易港建设全球热带农业中心，设立热带农业经济技术开发区，探索创新要素集聚、创业人才汇聚、技术资本密集、产业深度融合的高能级热带农业发展之路，催生热带农业新质生产力成为发展优势。经开区面向全球特别是"一带一路"国家招商，聚合科技、人才、服务等新质要素，着力发展热带农产品（生物制品）深加工、科技服务、智能装备、

贸易流通、文创、大健康等业态，延伸产业链、提升价值链，重构热带农业产业生态，畅通城乡要素流动和小农户对接大市场的途径，全面拉高热带农业发展位势和产业竞争力。

坚持市场化、法治化、国际化原则，支持我国企业抢抓共建"一带一路"倡议机遇，打造具有全球影响力、控制力、产技商贸投一体化的跨国大企业。与世界热区国家共建集热带农业种植、收购、仓储、加工、运输为一体的现代农业产业链。

参考文献 ---------- REFERENCES

崔鹏伟，朱安红，2020. 新时期我国热带农业发展战略研究 [J]. 热带作物学报，41(10): 1949-1953.

黄圣男，2024. 全面推进乡村振兴"土特产"大有可为 [J]. 中国农村科技，(6): 30-32.

李国祥，2019. 促进乡村产业振兴需要思考的几个问题，解读《关于促进乡村产业振兴的指导意见》[J]. 中国农村科技，(8): 8-11.

廖线英，2024. 习近平关于科技自立自强重要论述研究 [D]. 南宁：广西大学.

刘荣志，伍涛，黄圣男，2021. 农村创新创业人才特征及培育模式 [J]. 农村工作通讯，(7): 50-52.

唐世铼，胡佳伟，2024. 乡村振兴视域下我国产业兴旺实现路径探究 [J]. 农场经济管理，(11): 25-28.

王庆煌，崔鹏伟，2022. 热带农业与国家战略 [M]. 北京：科学出版社.

习近平，2022. 加快建设科技强国，实现高水平科技自立自强 [J]. 求知，(5): 4-9.

习近平，2023. 加快建设农业强国，推进农业农村现代化 [J]. 求是，(6): 1-4.

谢江辉，何建湘，张智，2021. 科技为擎助腾飞：中国热带农业科学院科技扶贫实践 [M]. 北京：中国农业出版社.

杨丹，2024. 习近平关于科技自立自强重要论述研究 [D]. 哈尔滨：哈尔滨商业大学.

张合成，2024. 以新质生产力理论指导农业高质量发展 [J]. 农业展望，20(6): 3-9.

张娜，张文政，2024. 我国乡村产业高质量发展研究脉络及热点前沿：基于 CiteSpace 的文献计量分析 [J]. 中国林业经济，(2): 1-10.

郑丽贤，2024. 习近平关于科技强国重要论述研究 [D]. 厦门：集美大学.